**Judith Malika Liberman** masal anlatıcısı, eğitmeni ve sanat terapistidir. 1978'de Paris'te doğan Liberman, günlerin ateş başında masallar anlatılarak sona erdiği bir komünde büyüdü. 14 yaşında masal anlatıcısı olmak için ilk *workshop*'una katıldı ve topluluklara masal anlatmaya başladı. Paris Konservatuarı'nda Giles Bizouernes yönetiminde profesyonel masal anlatıcılığı eğitimi aldı, Vendome CLIO'da sözlü anlatım eğitimlerine katıldı. Pomona College'ta tiyatro okuyarak Paris'te iki tiyatronun kurucuları arasında bulundu.

Pek çok uluslararası festivale katılan Liberman sahnede, kitapçılarda, okullarda, kütüphanelerde, parklarda ve galerilerde masal anlattı.

Üniversiteler ve UNESCO ile işbirliği içinde Türkiye'de masal anlatıcılığının yeniden canlanmasına katkıda bulunan Liberman İstanbul'da düzenli olarak masal anlatma geceleri düzenlemekte, masal anlatıcısı olmak isteyenler için eğitimler vermektedir.

*Bir Varmış Bir Yokmuş* filminin senaryo danışmanlığını yapan Liberman, NTV Radyo'da haftalık yayınlanan "Masal Bu Ya" programını hazırlamaktadır. Liberman masalların içsesimizle ve birlikte yaşadığımız insanlarla bağlantı kurmamıza yardım ettiğine, dünyayı değiştirmek adına ilham verdiğine inanmaktadır.

# Masal Terapi

**MASAL TERAPİ**

**Yazan:** Judith Malika Liberman
**İngilizce aslından çeviren:** İstem Erdener


1. baskı / Mart 2015
**95. baskı** / Eylül 2022 / ISBN 978-625-8004-11-3
Her 2000 adet bir baskı olarak kabul edilmektedir.
**Sertifika no:** 44919

**Kapak ve kitap içi illüstrasyonlar:** Mukund Iyer
**Baskı:** Ana Basın Yayın Gıda İnşaat San. ve Tic. A.Ş.
Mahmutbey Mah. Devekaldırımı Cad. 2622 Sk.
Güven İş Merkezi, No: 6/13 Bağcılar - İSTANBUL
Tel. (212) 446 05 99
Sertifika No: 52729

**Doğan Yayınları Yayıncılık ve Yapımcılık Ticaret A.Ş.**
19 Mayıs Cad. Golden Plaza No. 3, Kat 10, 34360 Şişli - İSTANBUL
Tel. (212) 373 77 00 / Faks (212) 355 83 16

# Masal Terapi

Judith Malika Liberman

Çeviren: İstem Erdener

Doğan novus

Anneme ve babama...

Bize binlerce saat kitap okudukları, masallar anlattıkları, benim anlattığım masalları sevgiyle dinleyerek kendi içimde bir masallar diyarı kurmamı destekledikleri için...

# İçindekiler

# Giriş

Sevgili yolcu;

Bu kitap senin için bir pusula olsun diye hayal edildi.

Onu çantanda taşı.

Kendini bir yol ayrımında bulduğunda; gözlerin acaba nereye varıyor bu yollar diye bir o yola bir bu yola kararsızlıkla bakarken kitabı çantandan çıkar.

Kitap yolunu bulmanda sana yardım edecektir.

Bu kitapta okuyacağın masallar dünyanın dört bir yanından gelen, pek çok farklı gelenekten toplanmış bilgelik hazineleridir.

Kimi yüzyıllardır kimi daha da uzun bir süredir kalplerden dudaklara, dudaklardan kulaklara dolaşıp durdu. Yıllar içinde büyük öğretmenlerin ve yetenekli hikâyecilerin hayal gücünün süzgecinden geçip zenginleşti.

Benim ödevim bu kitapta yer bulmak isteyen masallara kulak vermek oldu.

Bazıları yıllardır repertuvarımdaydı; onları verdiğim eğitimler sırasında, ormanlarda yaktığımız ateşlerin başında veya sahnede yüzlerce dinleyiciye anlattım. Bazıları da bu kitabı derlediğim sırada tesadüf eseri bana geldi ve beni o kadar derinden etkiledi ki kitapta onlara da yer vermek zorunda hissettim kendimi.

En sevdiğim masalların bazıları bu kitaba giremedi...

Ben masalların isteklerine saygı göstermeye çalıştım ve bu projenin bir parçası olmak isteyenler bunu net bir şekilde gösterdiler.

Bu kitabı, içimdeki sezgileriyle hareket eden oyunbaz çocuğu dinleyerek derledim ve büyüsünün asıl kaynağının da bu olduğuna inanıyorum.

Sevgili yolcu;

Şimdi seni sihre, büyüye inanan parçanı uyandırmaya, içindeki yıldız gözlü oyunbaz çocukla tekrar bağ kurarak bir oyun oynamaya davet ediyorum…

Bu kitap bir oyun davetidir.

Nasıl mı?

İşte kurallar:

Her seferinde yalnızca bir masal oku. Bu, başından sonuna kadar okuyup bitireceğin bir kitap değil. Bu kitabı kafana takılan bir soru olduğunda başvurduğun bilge bir öğretmen gibi gör.

Rehberlik almak istediğin konuyu düşün. Net bir soru düşünmek yerine sayfaları çevirirken konunun tamamını aklında ve kalbinde tut, sonra kitabın rastgele bir sayfasını açıp masalı oku. (Karşına çıkan sayfa masalın en başı değilse birkaç sayfa geri gitmen gerekebilir.)

Bir başka yöntem de sayı seçmektir. 1 ila 54 arasında bir sayı seçip içindekiler sayfasından tuttuğun sayıya karşılık gelen masalın sayfasına giderek de okuyabilirsin.

Masalları sırasıyla, her gün veya her hafta bir tane olmak üzere okumayı da tercih edebilirsin.

**Mesaj:** Masalı okuyup mesaj bölümüne geçmeden önce kendine sor: "Bu masal bana nasıl bir mesaj veriyor?" Kitaptaki "mesaj" bölümleri sana masalın olası bir yorumunu yapar ama her zaman önce kendi sezgilerini dinle.

**Seyir defteri:** Yazmak, kayıt tutmak için zaman ayırmanı özellikle tavsiye ediyorum. Kendine özel bir defter al veya masalı bitirdikten sonra düşüncelerini, cevaplarını bir kâğıt parçasına karala. İstersen kitabın, her masaldan sonra sana ayrılan boş sayfasını da kullanabilirsin. Bunun için bir saatini ayırabilir veya sadece 5 dakikada bir şeyler yazabilirsin. Masalların seni dönüştürmek adına çalışabilmesi için en önemli unsurun YAZMAK olduğunu göreceksin. Eline kalemi alıp içinden geçenleri aktararak edineceğin içgörüler inanılmaz olacak. "Bu çok güzel bir soru ama zamanım olduğunda, çocuklar uyuduğunda veya daha iyi bir kalem bulduğumda yazarım" diyebilirsin. Yazmayı "mükemmel zamana" ertelemek yerine çok düşünme. Sadece yaz yaz yaz! Düşüncelerini, cevaplarını yazmadan kitabı kapatma.

**Alıştırmalar:** Alıştırmalar kitabın verdiği mesajları alıp hayatına geçirmene yardımcı olur. Unutma, hayatımızdaki en küçük bir değişiklik bile zincirleme bir tepki doğurur. Bu alıştırmalar, hayatına değişimi davet etmenin 54 yolunu sunuyor sana. Alıştırmalar oyun gibi ve eğlencelidirler. Yapılacaklar listene ekleyeceğin şeyler değil bunlar. Masal oyununu ciddiye alman, hayatına girmesine izin vermen için birer davetiyedirler.

**Alıntılar:** Her masalın sonunda bir alıntı bulacaksın. Bu alıntılar sana konuya dair daha fazla içgörü verebilir, masalın mesajını daha da netleştirebilir. Alıntıyı sevdiysen bir kâğıda yaz ve sürekli görebileceğin bir yere as. Sana yolunu ve niyetini hatırlatacaktır.

Masallar bilge arkadaşlar gibidirler.
Sana gelmelerinin bir sebebi vardır.
Bu oyunda tesadüf yok!

Bırak masal içine işlesin; bırak zihnin sen metroda giderken onunla biraz oynasın. Masallar anlaşılmak ve çözülmek değil deneyimlemek ve tadını çıkarmak içindir.

Mutlu rastlantı oyunlarını yıllardır oynarım ve şunu anladım ki aslında hepimiz bütün cevapları kalbimizde saklıyoruz ama genellikle dış dünyanın bize gideceğimiz yönü göstermesine ve değerlerimizle aynı hizaya gelmemiz için yardım etmesine ihtiyacımız var.

Bu kitabı hazırlarken bir arkadaşım bana şu soruyu sordu: "Neden masalların bu kadar önemli olduğunu düşünüyorsun?" Kitabın önsözünde bu konuda yazmayı düşünüyordum. Soruyu zihnimde evirip çevirdiğim sıralarda bir kitapçıya girdim ve cevabı bulmak için oyun oynamaya karar verip raftan rastgele bir kitap aldım. Mevlânâ'nın rubailerini seçmişim. Gözlerimi kapadım ve bir sayfa açtım, parmağımı sağ sayfada bir satırın üzerine koydum. Şöyle yazıyordu:

Masal Suyu

Masal bir suya benzer
Yıkanmak için ısıttığın.
Ateşle ten arasında elçilik yapar.
Onları kavuşturur, seni temizler!

Tesadüf diye bir şey yoktur!

Daha iyi bir cevap hayal edemezdim.

Masallar gerçeğin ateşiyle aranda elçilik yapar, o ateşten yanmadan ama öğrenerek çıkmanı sağlar.

Çocukken annemin odasındaki pembe, büyük deniz kabuğunu kulağıma dayadığımı ve denizin sesini duymaya çalıştığımı hatırlıyorum. Büyülenirdim bu oyunu oynarken ve deniz kabuğunun, denizin sesini hâlâ hatırlayabilmesine hayret ederdim. Bunca zamandır ondan ayrı düşmesine rağmen denizle arasında nasıl hâlâ böyle bir bağ olabiliyordu?

Bugün yeni bir masal bulduğumda ona kulak kesiliyorum ve uzaktan gelen sesleri dinliyorum. Biliyorum ki bu masal, bir zamanlar gerçeklik pınarından dökülen engin bilgelik denizinin, o masallar okyanusunun bir parçasıydı ve ona gerçekten kulak verenlere iyileştiren müziğini hâlâ ulaştırıyor.

Sevgili masal yolcusu;
Seni masallarla bir oyun oynamaya davet ediyorum.

Bu bir iyileşme oyunu; gerçek benliğine, yuvana dönüş oyunu.
Seni masallarımla baş başa bırakıyorum.
Dilerim sana rehberlik eder, seni iyileştirir, sana keyif verirler.

# Yine sen

Sikar kentinin dışında Shekhawati denilen çorak bir bölgede bir aşram varmış.

Ve burada öğretmenlik yapan gurunun hikâyeleri Hindistan'ın dört bir tarafında anlatılır dururmuş. Derlermiş ki bilgisi sonsuzdur... Şefkati okyanustan bile engindir... Dudaklarından da ruhu besleyen bir bal dökülür... Ama en önemlisi bu guru her bir öğrencisine özel bir hediye vermesiyle bilinirmiş.

Öğrencilerini yıllarca dikkatle izleyen usta, bir öğrencinin yeterli olgunluğa ulaştığını gördüğünde onu odasına çağırır ve büyük bir gizlilikle seçilmiş bir mantrayı, bir sözü ona hediye edermiş.

Ama bunun sadece bir "söz" olduğunu düşünmeyin! Hayır, çok daha fazlasıymış. Bu özel söz öğrencinin hayatta sahip olduğu en değerli varlığı haline gelirmiş. Eğer öğrenci bu sözü her nefesinde tekrarlar ve her adımında tınlamasına, içine iyice işlemesine izin verirse maddi ve manevi dünyanın bütün kapıları ona açılırmış. Hatta söylendiğine göre bu mantrayı tekrarlamaya kendini adayan bir öğrenci, mantrasını ölüleri hayata döndürmek için bile kullanabilirmiş. Gurunun öğrencilerine hediye ettiği mantraların ünü o kadar yayılmış ki zengin tüccarların oğulları, cesur savaşçılar ve saray danışmanları eğitim almaları için bu aşrama gönderilir olmuş, gurunun okulu ülkenin kuzeyinden, güneyinden, doğusundan ve batısından öğrenciler tarafından ziyaret edilmeye başlamış.

Okulda kalan erkek çocuklar bütün gün çalışırmış. Biri hariç: Jri. Diğer bütün çocuklardan farklıymış Jri, çünkü aşrama eğitim için zengin ailesi tarafından gönderilmemiş; ailesi onu daha bebekken kapının önüne bırakıp gitmişmiş. Usta onu sonsuz âlicenaplığıyla içeri almış, beslemiş ve aşrama hizmet etmek üzere yetiştirmiş. Okuldaki çocuklar uyandığında Jri kahvaltı hazırlar, onlar yerken bahçeyi süpürür, sabah yürüyüşü için dışarı çıktıklarında meditasyon odasını hazırlar, mumları yakar, yastıkları pat patlarmış. Ders sırasında hepsi hayranlıkla ustanın sözlerini dinlerken ne mi yaparmış Jri?

Eh, o zaman Jri de dinlermiş; bir perdenin arkasına gizlenir, o da kulak kesilirmiş.

Jri ustanın derslerini dinledikçe büyülenmiş gibi olur ve gizliden gizliye kalbinde bir dilek büyütürmüş: Bir gün ustanın ona da bir mantra vermesiymiş bu dileği! Geceleri yatağına yattığında hayal kurarmış. Ustanın onu odasına çağıracağını, aşrama bağlılığını ve parlak zekâsını öveceğini, ona sadece kendisi için yaratılmış bir söz, bir mantra vereceğini hayal edermiş.

Jri'nin gerçeklerden kopuk bir hayalperest olduğunu sanmayın. Hayır! Yerini bilirmiş. Bir hizmetli olduğunu, bir öğrenci olmadığını bilirmiş. Ancak guru derslerde öğrencilerine bu hayatta her birinin kendi gerçeğini yaşaması, bulunduğu yere göre görevlerini bağlılıkla yerine getirmesi gerektiğini söylüyormuş. Bu yüzden Jri –bir hizmetli olarak görevlerini en iyi şekilde gerçekleştirmek için elinden geleni yaparsa, ustanın ona mantrasını vereceğine inanmış bir halde– dünyanın görüp göreceği en iyi hizmetli olmaya karar vermiş. O günden sonra aşramda verilen en iyi kahvaltıları hazırlamış; bahçeyi o kadar iyi süpürüyormuş ki yerdeki çakıltaşları bile pırıl pırıl parlıyormuş ve meditasyon odasında o kadar çok mum yakıyormuş ki öğrenciler kendilerini yıldızlı bir gökyüzünün altında ders yapıyor gibi hissediyorlarmış. Ama çok iyi bir hizmetli bir noktadan sonra görünmez olur. Çünkü ihtiyaçlarımız daha biz eksikliğini duymadan karşılanırsa aldığımız hizmetin değerini bilemeyiz. Bu yüzden usta Jri'nin bağlılığını fark etmeden zaman geçip gidiyormuş.

Ama bu onu yıldırmamış. Jri daha da fazla çabalamaya karar vermiş. O günden sonra bir şahin kesilip durmadan ustasını gözlemeye başlamış ve hiçbir ihtiyacının farkına bile varmasına izin vermemiş. Ustasının etrafında koşturup durmuş, getirip götürmüş, temizlemiş ve sunmuş. Her dakika etrafındaymış ve artık usta onu göz ardı edemez olmuş. Sonunda Jri'yi fark etmeye ve giderek de ondan rahatsız olmaya başlamış. Jri'nin sürekli ilgisi ve koşuşturması onu boğuyormuş. Tepesi atıyor, çileden çıkıyor, onu her dakika etrafında gördükçe asabı bozuluyormuş... Jri artık resmen sinirine dokunuyormuş!

Bir akşam yine sürekli onu gözleyen Jri, ustasının çok fazla erik yediğini görmüş. Ustanın eriğe hiç dayanamadığını, ne zaman erik olsa çok yediğini ve ne zaman çok erik yese... eh... çoğumuzun başına gelebileceği gibi... bağırsaklarının bozulduğunu biliyormuş. Jri hemen bir plan yapmış. O gece ustanın kapısında uyuyacak, ustanın bağırsakları bozulup da gece yarısı yardıma ihtiyacı olursa Jri hizmet etmek için hemen orada olacakmış! Böylece usta nihayet Jri'nin bağlılığını fark edecek ve şüphesiz onu uzun zamandır beklediği ve hak ettiği mantrayla ödüllendirecek diye hayal ediyormuş...

O gece usta Jri'nin tahmin ettiği gibi birdenbire korkunç karın ağrılarıyla uyanmış, yataktan sıçramış ve tuvalete doğru koşmaya başlamış ama yatak odasının kapısını açmasıyla beraber... GÜM! Eşikte yatan Jri'ye takılmış. Titiz hizmetçisine kızgın bir şekilde "YİNE SEN!" diye bağırmış. Jri'yi dizlerinin üzerinde, gözlerinde mutluluk gözyaşlarıyla orada bırakarak tuvalete doğru koşturmuş.

İşte! İşte sonunda usta sonsuz bilgeliğiyle hizmetçisinin bağlılığını anladı. En alçakgönüllü öğrencisini fark etti ve onu bir mantrayla ödüllendirdi! Ne mantra ama; ne güzel bir mantra: "Yine sen!" Jri'ye ilahi gücün her yerdeki varlığını hatırlatacak bir mesaj. Jri, acaba ustanın tuvaletten dönmesini bekleyip ona teşekkür etsem mi diye düşünüp tereddütte kalmış. Teşekkür etmek için öğrencilerin uyanmasını da beklesem mi diye düşünmüş. Hayır, yapması gerekeni biliyormuş. Cebinden çakısını çıkarıp bahçenin ortasındaki ağaca gitmiş, kendine bir asa kesmiş ve güneşin doğmasını beklemeden yola koyulmuş. Şafağın ilk ışıklarını, günün ilk gölgelerini "yine sen" diyerek karşılamış. Yükselen güneşi, yol boyunca uzanan ağaçları "yine sen" diyerek selamlamış. Ayakkabısına giren çakıltaşlarına, saçını dağıtan rüzgâra "yine sen" demiş. Yine sen ilahi güç, yine sen evrenin ışığı! Her nefesinde, her adımında bütün yaradılışı selamlamış. Yoluna çıkan insanların yüzlerini, saçını ıslatan yağmuru... Her şeyi ama

her şeyi "yine sen" diyerek karşılamış, selamlamış... Günler günleri, haftalar haftaları, aylar ayları kovalamış... Jri ne yemiş ne de uyumuş; durmak dinlenmek bilmemiş, yürümüş. Zaman geçtikçe teni yoldaki tozun rengini almış, uzayan saçlarında kuşlar yuva yapmış, gözleri doğan güneşin ışığını yansıtmaya başlamış. Jri sürekli bir fısıltıya, bir nefese dönüşmüş: "Yine sen! Yolumun üzerinde her yerde seni görüyorum."

Bir gün bir kasabadan geçiyormuş. Bu kasabada zengin bir tüccar varmış ve tüccarın kızı hastalıktan ölüm döşeğinde yatıyormuş. Seyyah bir dervişin kasabalarından geçtiğini duyan tüccar, kızına dua etmesi için onu çağırtmış. Jri kusura bakmamalarını söyleyerek, "Ben bir bilge değilim, özel bir bilgiye sahip değilim ama bilgeliği okyanuslar kadar engin ustam bana bir mantra hediye etti. İsterseniz bunu kızınızın başucunda tekrarlayabilirim" demiş. Ama tüccarın evine vardıklarında kızın çoktan öldüğünü görmüşler. Jri yine de kızın başucuna oturup yıllardır yaptığı gibi özüne kadar işlemiş olan sözleri tekrarlamaya başlamış. Acılı ailenin hıçkırıklarına karışan sözlerinin kulak okşayan melodisi bir ses bulutu, kutsal bir titreşim perdesi yaratmış. Bir süre sonra birisi kızın parmaklarının oynadığını, gözkapaklarının kırpıştığını ve derken derken bembeyaz olmuş yanaklarına renk geldiğini fark etmiş. Bütün oda nefesini tutarak bir mucizeye tanık olmuş. Jri'nin mantra söyleyen kulak okşayıcı sesiyle kız yeniden hayata dönmüş. Kız tekrar nefes alıp vermeye başladığında tüccar Jri'nin önünde diz çökmüş: "Sen bana hayatımı geri verdin, ben sana ne verebilirim; dile benden ne dilersen!" demiş. Şaşıran Jri gevelemiş: "Ben bir şey yapmadım. Özel bir bilgiye sahip değilim. Ustam bana bu mantrayı verdi. Size yardım eden o. Bana vermek istediğiniz her ne ise onun ustamın aşramına götürün."

O gün kasabalılar müzisyenlerle, çiçeklerle, sığır sürüleriyle, ipek rulolarıyla ve daha pek çok değerli hediyeyle bir alay hazırlayıp aşrama doğru yola çıkmışlar. Bir alayın yaklaştığını gören usta pek şaşırmamış. Ne de olsa okuluna gelen onca öğrenci arasından birinin mutlaka bir gün bir mucize gerçekleştireceğini, insanların da ona teşekkür etmek isteyebileceğini tahmin ediyormuş. Bu yüzden kollarını açıp alçakgönüllü bir gülümsemeyle gelenleri kapıda karşılamış. "Lütfen söyler misiniz? Benim birçok öğrencim oldu. Bunlardan hangisi size zor zamanınızda yardım etti?" diye sormuş. Cevap vermişler. Guru Jri'nin adını duyduğunda bir dakika boyunca sessiz kalmış. Sonra cebinden çakısını çıkarıp bahçedeki ağaca gitmiş, kendine bir asa kesmiş ve hiçbir şey söylemeden yollara düşmüş, bir daha da onu gören kimse olmamış.

**Mesaj:** Odaklan, kendini ada.

Bilgi dünyasında yaşıyoruz. Öyle ki herhangi bir sorun için bin farklı çözüm önerisi çıkabiliyor karşımıza. Bu hem bir ödül hem de bir ceza. Sonuçta dikkatimizin dağılması bizi kendimizi adamaktan alıkoyuyor. Bir öğretiden diğerine geçiyoruz. Hiçbirinde ancak zaman, sabır ve tekrarla oluşabilecek derinliği ve zenginliği göremiyoruz. Bir düşün, kendini adayabileceğin bir şey bulmak nasıl olurdu? İster büyük ister küçük olsun tek bir şey bul, ona odaklan, vazgeçme, zihninin dağılmasına izin verme... İşte o zaman bir konuda istikrar sağladığımızda gelen ödülleri alacaksın.

**Seyir defteri:**

1- Sürekli dikkatinin dağılmasına izin vermek yerine bir eylemde, bir kişide, bir öğretide "kalmayı" denesen neler olurdu?

2- Bugün içinde canlı bir şekilde hissettiğin bir niyet, bir eylem var mı?

3- Kendini bu niyete ya da eyleme daha derin bir şekilde nasıl adayabilirsin?

## Alıştırma:

1- "Yine sen": Hayatındaki her şeye hayatın mucizesinin ve büyüsünün bir göstergesiymiş gibi bakmayı dene. Olayları olumlu veya olumsuz diye etiketlemeden sadece şu sözcüklerle karşıla: "Yine sen!" Balkonunda açan çiçek, damlayan musluk, çocuğunun bitmemiş ev ödevi veya bir arkadaşından gelen mektup. Bunların hepsini büyülü gerçekliğimizin birer göstergesi olarak kabul edebilir misin?

2- Kendi mantranı yarat: Bir kitaptan rastgele bir sayfa aç ve sana çok uyduğunu düşündüğün basit bir cümleyi veya bir cümleden birkaç kelimeyi seç. Sonra bu cümleyi ya da kelimeleri tekrarlarken aynı kelime ya da kelimelerin ikinci anlamlarının ve başka etkilerinin nasıl yavaş yavaş ortaya çıktığını izle.

## Alıntı:

O mükemmel, bu mükemmel, mükemmelden gelir mükemmel
Mükemmelden çıkar mükemmeli, sonuç yine mükemmel
Huzur olsun, huzur olsun, her yerde huzur olsun.

Upanişadlar – Mükemmel Dua

# Dolu Fincan

Yaşlı usta kapısının ısrarla vurulmasıyla sarsılarak derin düşüncelerinden sıyrıldı. Zengin giyimli bir adam davet beklemeden içeri daldı. Nefes bile almadan genizden gelen yüksek bir sesle kendini tanıttı: "Bilmelisin ki saygıdeğer usta, bugün huzuruna gelen bu öğrenci tanınmış ve saygıdeğer bir âlimdir" diye konuşmaya başladı. "Ben kralın en güvendiği danışmanlarından biriyim. Kral bana sormadan parmağını bile kımıldatmaz. Tavsiyelerim ve bilgeliğim elbette başka pek çok güç sahibi kişi tarafından da talep görüyor. Bulunduğum konuma gelmem kolay olmadı. En iyi ustalarla çalıştım, en katı öğretilere uydum ve sürekli kendimi geliştirmeye çabalıyorum. Senin bilgin ve öğretilerin de pek çok kişi tarafından bendenize ısrarla tavsiye edildi, bunun için seni görmeye geldim."

Adamın peş peşe makineli tüfek gibi söylediği cümleler arasında kısa bir boşluk yakalayan usta bu davetsiz misafire birlikte bir fincan çay içmeyi teklif etti.

Adam başarılarını sıralamaya ve misafiri için sessizce çay dolduran ustaya teorilerini anlatmaya devam ediyordu.

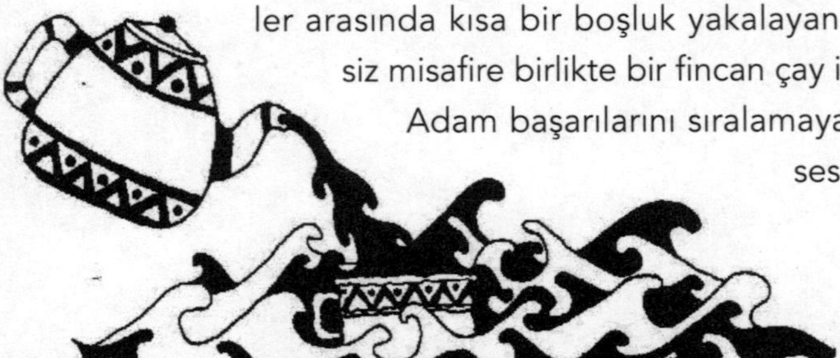

Fincan dolmuştu ama yaşlı usta çay fincandan taşıp masaya ve oradan da misafirin kucağına akmaya başlayana kadar dökmeye devam etti. Üzerine çay dökülen adam ayağa fırlayıp paltosunu silkerken, "Yaşlı adam, fincanın dolduğunu görmüyor musun? Fincan daha fazlasını alamadığı halde neden hâlâ çay dolduruyorsun?" diye bağırdı.

"Senin zihnin de evlat, bu fincan gibi" dedi yaşlı adam. "Yeni bilgiler alamayacak kadar dolu. Git onu boşalt. Bana boş bir fincan gibi bir zihinle gelene kadar sana öğretecek bir şeyim yok."

**Mesaj:** Kalbinin sesini dinle.

Hayatın bu yüksek temposu içinde çoğu kez ihtiyaçlarımız veya kalbimizden geçen en derin arzular yerine bir görev duygusuyla hareket ederiz. Yeni bir girişimde bulunmadan önce kendimizi dinlememiz ve bir şeyleri yapmak için bizi motive eden nedenleri sorgulamamız çok önemlidir. Yeni bir şeye başlamadan ya da yeni sorumluluklar almadan önce dur, içine sor. Acaba yeniliğe gerçekten açık mısın? Eğer değilsen bekle, yavaşla ya da yeni bir şeylere başlamak için gereken boşluğu yaratmak adına bir şeylerden vazgeç.

### Seyir defteri:

Başlamak üzere olduğun veya kısa bir süre önce başladığın bir projeyi düşün:

1- Bu proje için harekete geçmek içinden mi geldi yoksa dışarıdan bir zorlamayla mı oldu?

2- Bu alanda gelişmek için içinde yeterince boş alan var mı?

3- Bu yeni girişim ruhunu nasıl besleyecek?

**Alıştırma:** Şu anda fincanım ne kadar dolu?

Değişim için ilk adım farkındalıktır. Fincanını boşaltmadan önce ne kadar dolu olduğunun farkında olmalısın. Boş bir bardak ve suyla dolu bir sürahi al. Sonra hayatındaki bir alanı düşün (örneğin ebeveynlik, aşk ilişkisi, kariyer veya belirli bir soru...) ve bardağın bu alan olduğunu hayal edip birkaç dakika o alana odaklan. Bildiğin ve başardığın her şeyi gözünde bardaktaki su olarak canlandır; hâlâ yapmak, keşfetmek ve başarmak istediklerin bardaktaki boşluk olsun. Bardağı buna göre suyla doldur. Yeterli oranda başardığını düşündüğünde dur. Eğer bardağın çoğu boşsa kendine sor: "Bilgiye aç mıyım; bu alanda gelişme düşüncesi bana heyecan veriyor mu?" Tutku duygusuyla bağ kurmak büyümemize katkıda bulunur ve o alanda bilgi veya deneyimimiz olmadığını hissetsek bile zorlukları aşmamıza yardımcı olur.

Bardağın çoğu doluysa kendine şöyle sor: "Bu konuda gelişebileceğim yeni alanlar neler? Deneyimlemek konusundaki açlığımla nasıl yeniden bağ kurarım?" Gelişme yolumuzda bir düzlüğe ulaştığımızda ve önceki deneyimlerimiz bize o alanda yeterlilik sağladığı için daha fazlasına el uzatmayı bıraktığımızda tıkanma halinden bu şekilde çıkabiliriz. Kendini yeni gelişim ve öğrenme alanlarına aç.

**Alıntı:**

Allah'ın sevgiyi yaratması
İlahi simyanın işlemesi için
Sürahiye duran bir tas gerekir.

Hâfız

# Yakışın

Mali'de, Dogo bölgesinde bir tepe, bu tepenin ucunda da küçük bir köy vardı. Bir gün bir elinde fotoğraf makinesi, diğerinde defterle bir ziyaretçi geldi köye ve evlerin arasında dolaşarak sorular sorup birkaç saat sonra da gitti.

Bu ziyaretçi çok iyi bilinen bir seyahat rehberinin yazarıydı. Evine döndüğünde tepenin ucundaki köy hakkında kitabına şöyle yazdı: "Dogo bölgesini gezerken bu el değmemiş köye uğramadan geçmeyin. İçinizde yepyeni hisler uyanacak, gözleriniz bir renk cümbüşüne şahit olacak ve kulaklarınıza köylülerin şarkılı sesleri dolacak. Kaçırmamanız gereken sahici bir deneyim!"

O günden sonra otobüsler dolusu turist fotoğraf makineleriyle köye geldi. Tepe çok dik olduğundan otobüsler aşağıda park ediyor, turistler de tepeye tır-

manmaya çalışıyorlardı. Bu ziyaretler böyle aylarca sürdü, sonunda yaşlı bir adam tepeye çıkan yolun ortasına bir çadır kurdu ve orada torunuyla birlikte tepeye inip çıkan ziyaretçilere zencefil çayı vermeye başladı.

Bir gün bir ziyaretçi çadırda mola verip bir çay söyledi. Yaşlı adam fincanı getirince orada geçirdiği gün hakkında konuşmaya başladı: "Ne büyük bir zaman kaybı! Buraya gelmek için kilometrelerce yol kat ettim ama hayal kırıklığına uğradım. O yazar bu köyde ne görmüş acaba? Benim tek gördüğüm okula gitmek yerine ailelerinin gözetiminden ve ilgisinden uzak başıboş gezinen yaramaz çocuklar oldu... Bir düşünsenize! Zavallı çocukların ayakkabıları bile yok! Kimse cama basarlar veya tırmandıkları o ağaçlardan düşerler diye endişelenmiyor! Anneleri nerede anlamadım. Eh, kadınların evlerine gösterdikleri özen de çocuklarına gösterdiklerinden daha fazla değildi. Mutfaklara girip çıkan, tabaklara basan, her yere mikrop saçan tavuklar ortalıkta dolaşırken bu şişman kadınlar pencerelerde bir evden diğerine bağıra bağıra dedikodu yapıyorlardı. Ya erkekler? En azından onlar köyü çekip çevirmek için çok çalışıyordur diye düşündüm ama nerde! Bütün günlerini bir ağacın altında oturup hiç çözemeyecekleri dünya meselelerini konuşarak geçiriyorlar. Bütün dünyanın sorunları için çözümleri var ama kendi köylerindeki sorunlar için yok!"

Yaşlı adam onu dinledi ve fincanını dumanı tüten zencefil çayıyla tekrar doldururken başını salladı: "Haklısın, haklısın..."

Daha bir hafta geçmiş geçmemişti ki başka bir ziyaretçi çadıra geldi, yaşlı adamın yanına oturdu ve o fincanını doldururken konuşmaya başladı:

"Sağ ol amca, bu çay geçirdiğim harika günün üzerine çok iyi geldi. Ne güzel bir köyde yaşıyorsunuz! Sokaklarda dolaşıp çocukların oyunlarını izlerken içim açıldı. Köyünüzün çocukları çok neşeli ve özgür; günlerini sınıflara kapanıp öğretmenlerinin söylediklerini ezberleyerek geçiren bizim çocuklarımıza hiç benzemiyorlar. Burada çocuklar her şeyi kendi deneyimlerinden ve oyunlarından öğreniyorlar; ne kadar da cesurlar, nasıl da o ağaçlara tırmanıyorlar! Tabii kendilerine güveniyorlar çünkü etraflarındaki yetişkinler onlara güveniyor. Kimse benim ülkemdeki bazı anne-babalar gibi aşırı korumacı bir tavırla tepelerinde dikilmiyor. Aslında ayakkabıları bile yok; işte bu harika, çocukların toprakla temasını kesmemek gerek... Bu arada bedenleriyle barışık o kadınlar, o sağlıklı, dolgun, güzel kadınlar evlerinde çalışıyorlar ama tecrit edilmiş ve yalnız değiller; tam tersine, sürekli pencerelerden komşularıyla şakalaşıp konuşuyorlar; köylerinde ne olup bittiği konusunda her zaman meraklı ve ilgililer. Köyde kimsenin özel mülk sahibi olmak gibi bir endişesi yok gibi. Tavuklar bile serbestçe dolaşıp yumurtalarını bir mutfağa veya ötekine bırakıyor veya civciv çıksın diye dışarıda yumurtluyor ve kimse bunların kimin tavuğu veya yumurtası olduğuyla ilgilenmiyor. Paylaşmak burada doğal bir alışkanlık. Erkeklere gelince, bu kadar aklı başında adamlar görmedim; her biri gerçek birer filozof! Üç kuruş daha kazanmanın peşinde koşmak yerine kendilerini bile isteye hayatın kargaşasının dışında tutuyor, bir ağacın altına oturup dünyanın sorunlarını konuşuyorlar. Dünyanın haliyle gerçekten ilgileniyor gibiler. Eğer onlar gibi daha çok insan sessizce düşünmeye zaman ayırsaydı şimdiye dünya meselelerinin çoğu çözülmüş olurdu. Ne ilham verici bir gündü!"

Yaşlı adam onu da dinledi ve sonra fincanını dumanı tüten zencefil çayıyla tekrar doldururken başını salladı: "Haklısın, haklısın..."

İkinci ziyaretçi gittikten sonra torunu yaşlı adamın yanına gelip sordu: "Dede! Nasıl ikisi de haklı olur? Tamamen birbirine zıt şeyler söylediler!"

Yaşlı adam gülümseyerek torununu başıyla onayladı: "Sen de haklısın. Bildiğim tek bir şey var yavrum, insan yalnızca kalbinde taşıdığını görür."

**Mesaj:** Etrafındaki güzelliği fark et.

Genellikle duygularımızın ve izlenimlerimizin içinde bulunduğumuz koşullar tarafından yaratıldığını düşünürüz ama piyangodan bir trilyon kazanmanın bile mutluluk seviyesini yükseltmekte bir yıldan uzun bir süre işe yaramadığı kanıtlanmış durumda. Asıl yapmamız gereken, bütün koşullarda etrafımızdaki güzelliği görmemizi sağlayacak bir içsel denge oluşturmaktır. Sen de koşulların değişmesini beklemeden, bugün daha huzurlu bir denge yakalayabilirsin.

**Seyir defteri:**

Senin için zorlayıcı olan bir durum düşün:

1- İlk ziyaretçi bu durumu nasıl tanımlar, nasıl tepki verirdi?

2- İkinci ziyaretçi bu durumu nasıl tanımlardı?

3- Bu iki gerçeklikten hangisi şu anda sana faydalı olabilir?

**Alıştırma:** Dünyana yeni gözlerle bak.

Yanına bir fotoğraf makinesi ve yaşadığın şehrin bir haritasını al; bir günlüğüne yaşadığın şehirde bir turist gibi gez. Hoşuna giden şeylerin fotoğraflarını çek. Her şeyin, vitrinlerdeki ürünlerin, havanın, şehir sakinlerinin kıyafetlerinin, alışkanlıklarının, sürekli gittiğin kafede sunulan yiyecek ve içeceklerin seni şaşırtmasına izin ver. İçindeki turist kendi dünyanla ilgili unuttuğun neleri keşfediyor?

## Alıntı:

Bir şeyi itiraf et
Kimi görsen ona,
"Beni sev" diyorsun.
Neden gözlerinde dolunay olan kişi
Sen kendin olmuyorsun?
Bu, o tatlı ay diliyle
Dünyadaki diğer her gözün
Her zaman duymak için
Can attığı şeyi söylemektir.

Hâfız

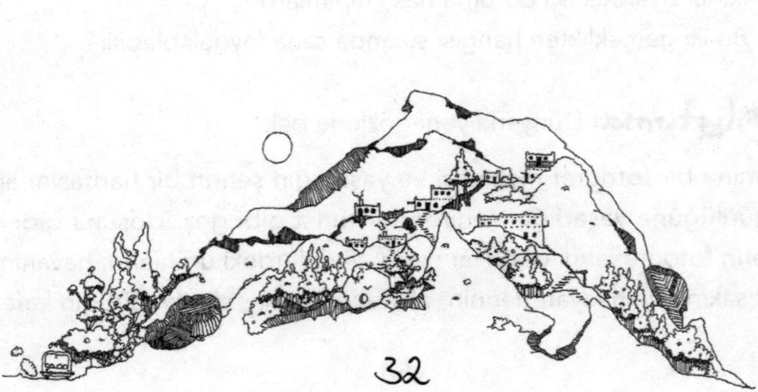

# Sucu ve çatlak testi

Bir zamanlar geçinmek için yaşadığı kasabaya uzak bir nehirden her gün su taşıyan bir sucu varmış. Su taşımak için omuzlarında dengede tuttuğu bir sopanın iki ucuna iki toprak testi asıyormuş. Testilerden biri parlak kırmızı renkte, düzgün ve tamamen su geçirmezmiş, diğeri ise eski, rengi solmuş ve biraz çatlakları olan bir testiymiş. Hatta sucu yolda giderken biraz su sızdırıyormuş.

Zaman geçtikçe testinin çatlakları öyle artmış ki sucu kasabaya ulaştığında taşıdığı suyun ancak yarısını getirebiliyormuş. Testi her gün daha fazla su sızdırmaya başlamış.

Testi için bu durum öyle büyük bir utanç kaynağı haline gelmiş ki sonunda utancını daha fazla gizleyemeyerek sucuya seslenmiş: "Sahip, lütfen beni kır! At beni! Kurtul benden! Bu ıstıraba artık katlanamıyorum. Ben artık suyu tutamıyorum ve benim kusurlarım yüzünden sen her gün iki kat fazla çalışmak zorunda kalıyorsun. Benim yerime işini daha iyi görecek bir testi al. Böylece daha az çalışıp daha çok kazanırsın... Lütfen bu ıstıraba bir son ver artık."

"Ah" demiş sucu, "sen kendin hakkında böyle mi düşünüyorsun? Öyleyse lütfen izin ver de yarın nehirden dönerken sana bir şey göstereyim."

Ve ertesi gün iki testiyi de doldurup her zaman yaptığı gibi birini sopanın sağına, çatlak olanı da soluna takan sucu patikanın sağını işaret ederek sormuş: "Ne görüyorsun, söyle."

Testi cevaplamış: "Toz toprak, taşlar görüyorum."

Bunu duyan sucu yolun sol tarafını göstererek sormuş: "Peki bu tarafta ne görüyorsun?"

Testi cevaplamış: "Ah, bu tarafta çimen, yabani otlar ve çiçekler var."

"Evet" demiş sucu, "bu güzelliği her gün patikanın bu tarafına biraz su damlatarak sen yarattın. Toprağın susuzluğunu giderdin, uyuyan tohumlara can verdin ve açan çiçekleri besledin. Her hafta patikanın bu yanından çiçek toplayıp karıma götürüyorum, bu güzelliğin onun benim hayatıma getirdiği güzelliği anımsattığını bilsin istiyorum. Ve evimden bu yüzden neşe hiç eksik olmuyor. Evet çatlak testi, su taşımak konusunda yeterli olmayabilirsin ama suyunu fark etmeden toprakla paylaşarak üzerinde yaşadığımız yeri besleyip güzelleştiriyorsun."

**Mesaj:** Olduğun halinle mükemmelsin.

Hepimiz bir şekilde birer çatlak testiyiz. Mükemmellik ulaşılması mümkün olmayan bir hedef. Eğer bu dünyaya bir katkı sağlayacaksak bunu bir bütün olarak, hem güçlü hem zayıf yönlerimizle yaparız. Kendimize ait özellikleri dışlayarak dünyaya bir yarar sağlayamayız. Artık kendi "çatlaklarını" kucaklama, onların seni biricik yapan şeyler olduğunu kabul etme zamanı. Onlarla muhteşem ve tamsın.

## Seyir Defteri:

Kendini suçladığın bir kişilik özelliğini düşün:

1- Bu özelliğin seni veya dolaylı olarak içinde bulunduğun toplumu ne şekilde etkiliyor?

2- Olduğun halinle mükemmel olduğuna inanman için sence ne yapmalısın?

## Alıştırma: Kırık fincan

Güzel bir kırık fincan bulmaya çalış. Büyükannenin evine veya bir ikinci el pazarına bakabilirsin. Dolabın arkalarında unutulmuş, çocukluğundan kalma eski bir fincan da olabilir bu. Bu fincanı kahvaltı fincanın yap. Kusurlarımızın güzelliğini, o fincanı eşsiz yapanın kusuru olduğunu hatırlatması için günün ilk çayını veya kahvesini bu fincanla iç.

## Alıntı:

Bir çatlak var her şeyde, ışık işte böyle girer içeriye.

Leonard Cohen

# Gizli hazine

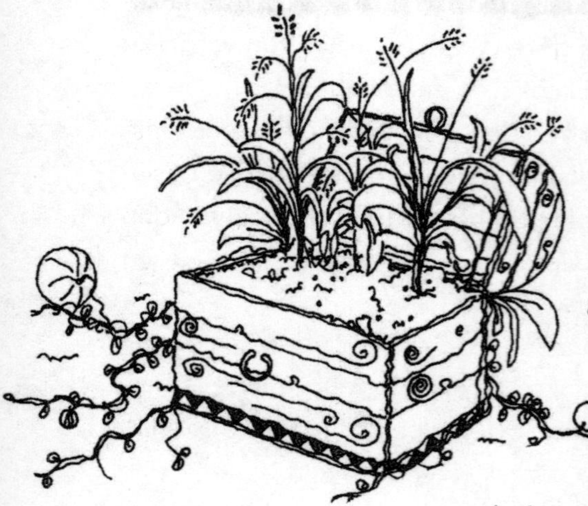

Yaşlı çiftçi bütün hayatını topraklarını ekip biçerek geçirmişti ve şimdi oğullarının bu arazinin değerini anladıklarını görmeden hayata gözlerini yummak çok zor geliyordu. Oğullarının gözleri yalnızca parayı görüyordu. Babaları ölür ölmez çiftliği satıp ellerine ne geçerse onunla şehre taşınmak için fazla beklemeyeceklerini biliyordu. Ölüm döşeğinde bir nefes daha alabilmek için çabalarken tek düşüncesi buydu. Başucunda bekleyen oğullarına, "Bir hazine var, bu çiftlik arazisinde gömülü bir hazine... En büyük umudum onu bulabilmeniz" diye fısıldadı.

Hazine lafını duyan oğullarının gözleri merak ve heyecanla yuvalarından fırladı ama bir soru sormalarına fırsat kalmadan babaları son nefesini verdi.

Babalarını gömer gömmez, daha kürekleri ellerinden bırakmadan mezarlıktan çıkıp çiftliğe yollandılar ve kazmaya başladılar. Haftalar boyunca durup dinlenmeden çiftliğin toprağını kazarak altüst ettiler. Aradan üç ay geçmesine rağmen hazine falan bulamamışlardı. Yorgun ve çaresizdiler. Şehre taşınmak için çiftliği satmayı düşündüler ama yılın o vaktinde bütün çiftçiler yeni ekinleri dikmekle meşguldü. Toprağı zaten kazdıklarına göre babalarının sakladığı tohumları araziye atmaya karar verdiler. O yıl arazi öylesine büyük bir hararetle kazılıp sürülmüştü ki önceki yıllara göre çok daha fazla ürün verdi. Ve çiftçinin oğulları hasat zamanında çok iyi kazandılar.

Sonra babalarının son sözleri yeniden akıllarına geldi ve arazinin bakmadıkları bir köşesi kalmış olabilir mi diye merak etmeye başladılar. Böylece bir kez daha, bu sefer daha da derin kazarak yeniden gömülü hazineyi aramaya başladılar...

Ertesi yılın hasadı daha da bereketli oldu.

Ertesi sonbahar geldiğinde yeniden aramaya başladılar.

Böyle böyle yıllar geçti ve oldukça büyük bir gelir getirmeye başlayan çiftliğe iyiden iyiye yerleştiler. Evlendiler, çocuk sahibi oldular; çocukları mevsimlerin ritmiyle yaşayarak çiftlikte büyüdü.

Ve çocukları babalarına bu çiftliği neden bu kadar çok sevdiklerini sorduğunda birbirlerine gülümseyip babalarından aldıkları dersi fısıldadılar: "Bu çiftlikte gömülü bir hazine var... Çalışma, sabır ve sevgiyle ortaya çıkıyor."

**Mesaj:** Yola devam et.

Bazen üstlendiğimiz bir işin gerçek anlamını fark etmemiz yıllar alır. Mantıksal sebeplerle veya maddi gelir sağlamak amacıyla girdiğin yollar bile bazen yeteneğini keşfetmene sebep olabilir ve hayatına daha fazla anlam katabilir. Masallar bize sadece önümüzdeki yolu yürümemizi ve geleceğin getireceklerine güvenmeyi hatırlatır. Tam köşeyi döndüğün anda seni bekleyen bir gizem ya da beklenmedik bir sonuç olabilir. Yola devam et, çok geçmeden öğreneceksin.

## Seyir Defteri:

Kendini daha iyi tanımanı sağlayan veya hayatına güzellik katan bir başarını düşün:

1- Bu yola girdiğinde beklentilerin nelerdi?

2- Yeni bir yolun neler getirebileceğini önceden tahmin etmenin zorluğunu bilerek, uzun vadedeki olası getirilerini değil sadece içinde uyandıracağı heyecanı hesaba katarak düşünseydin bugün hangi yola girerdin?

## Alıştırma: Zen bahçesi

Bir tepsiyi yumuşak kumla doldur. Bir çatal yardımıyla kumda desenler yap. Ellerin tepsinin üzerinde dans ederken zihnini rahat bırak. İşin bittiğinde tepsiyi salla ve deseni sil. Bu, çiftliği sonucu düşünmeden kazman için bir hatırlatma olacak. Aynı şekilde bu alıştırmayı kumsala taşıyabilir, tırmık yerine bir yapraktan yararlanarak sonunda dalgaların gelip sileceği daha büyük desenler yapabilirsin. Burada sadece elin değil bütün vücudun sanatınla dans edecek.

## Alıntı:

Konduğu dalın inceliğinden
Düşecekmiş gibi olan
Ama yine de
Kanatları olduğunu bilerek
Şarkı söyleyen kuş gibi ol.

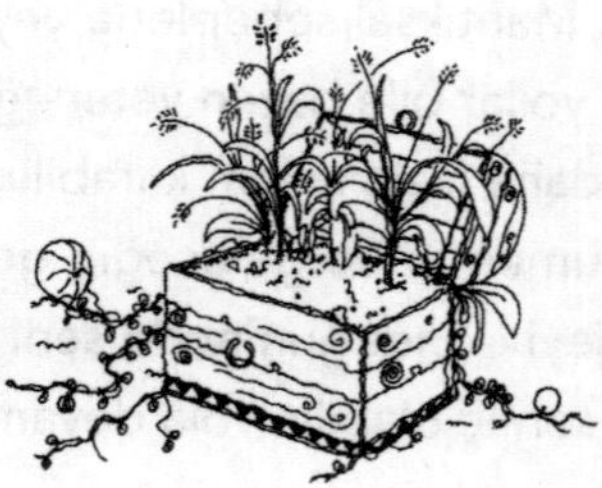

Victor Hugo

# Göl gibi ol

Mehmet Usta mahallede sakinliği ve yüzünden eksik olmayan gülümsemesiyle bilinen yaşlı bir bakır ustasıymış. Her sabah küçük dükkânının kepenklerini kaldırıp kapısını açtığında çalan küçük kapı çıngırağı onu selamlıyor gibi gelirmiş. Babasından kalan bu küçük, sıcak işyerini çok seviyormuş. Raflar bazıları yeni, bazıları babasının zamanlarından beri alıcılarını bekleyen tencereler, bakraçlar, tepsilerle doluymuş. Bu dükkândaki sesler ve kokular Mehmet Usta'ya kendini evinde hissettirirmiş. Özenle ve incelikle işlediği kap kacağın alıcısı çokmuş. Mehmet Usta kaderine şükredermiş.

Kendi oğlu olmadığı için Mehmet Usta yanına aldığı çıraklara sanatını öğretirmiş. İşte böylece yıllar yılları kovalamış, bir gün Salih adında bir çırağı olmuş. Salih bu işi öğrenmeye gönüllü değilmiş ve sürekli şikâyet ediyormuş. Ustası hayatın her aşamasında yeni şartlara alışmanın zaman aldığını bildiğinden ona karşı sabırlı davranıyormuş. Ancak zaman geçtikçe Salih bu yeni hayata alışmak ve işi öğrenmek bir yana sürekli sızlanan, hoşnutsuz biri olup çıkmış: Kapının çıngırağı çok gürültülüymüş, taburesi-

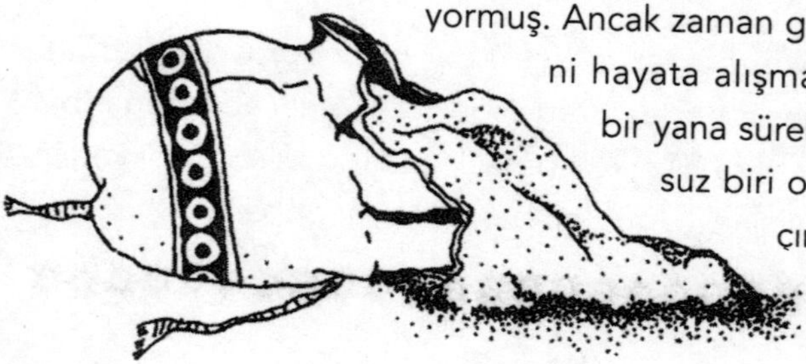

nin ayağı dengesizmiş, toz onu hapşırtıyormuş, başı kokular yüzünden dönüyor, çekiç sesi yüzünden ağrıyormuş.

Günlerden bir gün Salih bir yandan öğlen yemeğini bitirmeye çalışıyor bir yandan da kendi yemeğini, duyduğu kadarıyla mahalledeki diğer çırakların yedikleriyle kıyaslayıp şikâyet ediyormuş. Usta işinden başını kaldırmadan Salih'e gidip küçük bir kese tuz almasını söylemiş.

Salih dükkândan çıkıp dolaşmak için bir bahane bulduğundan bu duruma pek sevinmiş.

Geri geldiğinde usta, tuz kesesinin yarısını bir bardak suyun içine boşaltmış, sonra bir kaşık alıp yavaşça suyu karıştırmış ve Salih'in itiraz etmesine fırsat bile vermeyen bir ses tonuyla ona bütün suyu içmesini söylemiş.

"Nasıl geldi?" diye sormuş usta.

"Usta, nasıl gelsin? Yanıyorum, boğazımı ateş bastı. Neden bunu içmemi istedin ki?!"

Usta tek bir söz söylemeden paltosunu giymiş ve Salih'i küçük bir gölün kenarına götürmüş. Tuz kesesinde kalan tuzu göle boşaltmış ve bardaktaki suya yaptığı gibi bir çubukla karıştırmış. Sonra gölden bir bardağa doldurduğu tuzlu suyu çırağına vermiş.

"Nasıl geldi?" diye sormuş.

"Çok ferahladım usta; bu su o kadar tatlı ki on bardak daha içerim..."

"Salih, hayat hepimize biraz tuz, çekecek biraz dert verir. Derdini seçemezsin ve herkesin başına dertler gelir. Ama seçebileceğin bir şey var. Sorunlarınla başa çıkarken bardak kadar dar veya göl kadar geniş olmayı seçebilirsin... Öğüdüm basit oğlum; göl gibi ol."

**Mesaj:** Kaçma, bu yoldan öğreneceklerin var.

Hayatın anlamı karşımıza çıkan koşullara verdiğimiz tepkilerde gizlidir. Sen karşına çıkan koşulları nasıl karşılıyorsun? Sorunlarımızın çözümü işimizi, eşimizi veya şehrimizi değiştirmekte değildir. Kaçtığın bir ders nereye gidersen git karşına çıkar. Kaçmak yerine tek yapman gereken kendine bu durumun sana ne öğretmeye çalıştığını sormak.

**Seyir Defteri:**

Mevcut koşulları düşündüğünde, hayatının zorlu yanlarını kolaylaştırmak ve zorlukların ortasında biraz da olsa rahatlamak için başvurduğun üç yol neler olabilir?

**Alıştırma:** Su meditasyonu

Bir göl veya deniz kıyısında otur, suyun ufka doğru uzanışını seyret. Göğsünde küçük bir su birikintisi olduğunu hayal et. Sonra kalbinin o temiz suyun kaynağı olduğunu düşün. Ve her nefes alışınla küçük su birikintin genişleyip büyüsün. Bir su birikintisinden gölete, göle, sonra denize ve okyanusa dönüştüğünü hayal et. Her nefesinle su biraz daha temiz, biraz daha canlı olsun. Bu meditasyondan sonra bir bardak su iç ve suyun vücudundaki her bir hücreye nüfuz ederek ferahlık verdiğini hisset.

**Alıntı:**

Okyanusa dönüşmezsen her gün deniz tutması çekersin.

Leonard Cohen

# Üç İşçi

Uzak ülkelerden birinde bir kral varmış ve seyyah kıyafetlerine bürünüp şehrini dolaşmayı pek severmiş. Böyle günlerden birinde büyük bir inşaat alanını ziyaret etmek için durmuş. İşçinin biri ağlamaklı suratıyla bir yandan çalışıp diğer yandan nefes nefese söylenip duruyormuş. Seyyah kılığındaki kral işçiye, "Söyle bana arkadaşım, seni bu kadar üzen, böyle şikâyet etmene neden olan nedir?" diye sormuş.

"Ben şikâyet etmeyeyim de kimler etsin yabancı? Hayat mı bu? Bütün bir gün boyunca taş diziyorum; nasıl sıkıcı bir iş olduğunu tahmin bile edemezsin! Ne insanı kamçılayan bir tarafı ne de bir keyfi var. Her günüm bir diğerinin aynısı. Ne anlamı var ki bunun?"

Adama hak veren kral inşaat alanında biraz daha ilerlemiş. Bu sefer karşısına aynı işi yapmaktan her ne hikmetse memnun görünen

bir işçi çıkmış. "Söyle bana arkadaşım, bu kadar tekdüze görünen bir işi yaparken nasıl böyle memnun olabiliyorsun?" demiş kral. Adam yanıt vermiş:

"Ben bir taş duvar ustasıyım, sağlam duvarlar örerim. Benden önce de babam bu işi yapardı. Sana basit bir iş gibi görünebilir ama ben özenli çalışmamla övünürüm. Mimarlar titizliğimi göklere çıkarırlar."

Adama hak veren kral biraz daha ilerlemiş ve kulağına bir methiye çalınmış. Bir başka işçi yüzünde kocaman bir gülümsemeyle bir yandan çalışıp bir yandan da bir şarkı mırıldanıyormuş.

"Söyle bana arkadaşım, bu kadar tekdüze ve basit bir işe koşulmuşken bu neşe nereden geliyor?"

"Ben bir katedral yapıyorum, tekdüzelik bunun neresinde? Konuşurken dizdiğim şu taş yüzyıllarca burada duracak; erkeklerin, kadınların ve çocukların ilham ve teselli bulacağı bir tapınağın temellerini tutacak... Bir güzelliği inşa ederken kalbim nasıl olur da neşe ve minnetle şakımaz?"

**Mesaj:** Dünyanın senin özel rengine ihtiyacı var.

Her birimiz zaman kumaşının dokusundaki renk renk ipleriz. Ancak tek bir iplik bile güzelliğin genel desenine eşsiz bir katkı yapar. Kişisel başarıya odaklanmak yerine hayatlarımıza katkıda bulunmak açısından bakarsak dünyanın dansına kattığımız güzelliği görebiliriz.

**Seyir defteri:**

İçinde küçük ama etkili bir rol oynadığın projeleri gözden geçir:

1- Kendini bu katkın için takdir ettin mi?

2- Şu anda yapmakta olduğun işin katkı sağladığı daha büyük amaçlar neler?

3- Bir ay boyunca tamamladığın, görünürde basit ama dünyanın güzel dansına katkı sağlamış üç iş düşün.

**Alıştırma:** Duşta şarkı söyle.

Şarkı söylemek, mırıldanmak, ıslık çalmak içimizdeki mutluluğun dışavurumudur. Hayatta oluşumuzu, "an"ı kutlamanın bir yoludur. Tüm kutlamalar gibi bu da iki yönlüdür; neşelenince kutlar, kutladığımızda daha neşeli hissederiz. Her zaman attığın adımların ritminde ve aklında bir şarkı olsun. Bulduğun her fırsatta bunları dışa vur. Sadece etrafına neşe saçmakla kalmayıp kendini de neşelendirip çevrene güzellik verdiğini göreceksin.

**Alıntı:**

Uyudum ve rüyamda hayatın sevinç olduğunu gördüm. Uyandım ve hayatın hizmet olduğunu gördüm. Eyleme geçtim ve gördüm ki hizmet sevinçtir.

Rabindranath Tagore

# Çilek

Bir kadın ormanda koşuyor. Arkasında onu kovalayan iki azılı kaplan var.

Nefes nefese kalmış, kalp atışlarını boğazında duyabiliyor ve yüzüne damlayan terleri hissediyor... Ama her şeye rağmen kaderinden kaçabileceğini umarak var gücüyle kendini zorluyor.

Sonra birdenbire bir uçurum! Kapana kısılıyor. Kaplanlar her an ona yetişebilir. Kaçacak bir yer arayarak etrafına bakıyor ve uçurumun dibine doğru uzanan bir ağaç kökü görüyor. Tutunup kendini aşağı bırakıyor. Aşağı sarkmaya başlamasıyla beraber kaplanlar uçuruma ulaşıyor ve kadın dikkatle ulaşamayacakları kadar aşağı doğru inerken onu izleyip öfkeyle kükrüyorlar. Kadın gülümsemek ve pratik zekâsı için kendi kendini tebrik etmek için ancak bir saniye vakit bulabiliyor. Aynı anda uçurumun dibinden gelen gürültülü tıslamalar duymaya başlıyor. Daha dikkatli bakınca uçurumun tepesinden yeşil çimenler gibi görünen şeyin aslında sürünen binlerce yeşil yılan olduğunu fark ediyor. Zemin onlarla kaplı. Yılanlar onu fark etmiş, ağızlarından zehirli dilleri sarkıyor, başlarını çevirmiş ona bakıyorlar. Donakalıyor. Uçurumla yerin arasında ağaç köküne asılı halde duruyor. Yukarıda kükreyen kaplanlar, aşağıda zehirli yılanlar. Daha birkaç nefes almaya zor fırsat bulmuşken kulağına ufaktan bir kemirme sesi geliyor. Biri beyaz, diğeri siyah iki sıçan asılı olduğu ağaç kökünü kemirmekte. Hapı yuttu! İşte tam bu anda biraz solunda, taşların arasından fışkırmış iki küçük yaban çileğini fark ediyor. Elini uzatıp çilekleri koparıyor ve dilinin üzerinde erimeye bırakıyor. Gözlerini kapatıyor ve çileğin kokusunun, tadının, dokusunun tadını çıkarıyor. Ve bu lezzet patlaması o anı sonsuza kadar uzatıyor.

**Mesaj:** Anın güzelliğini gör.

Hepimiz tatlı canımıza kasteden, kükreyen tehlikeler ve tıslayan korkular arasında asılı duruyoruz.

Hayatta aslında sadece tek bir temel mesele var ve bu hepimiz için aynı. Zaman, tıpkı o iki sıçan gibi bizi bu dünyaya bağlayan ipleri kemirir. Bu mücadelede yapabileceğimiz en büyük hata çilekleri gözden kaçırmaktır. Dünyadaki vaktimizi bütün hislerimizle deneyimlemeye ihtiyacımız var. Sadece bu andaki güzelliği görmek için geçmişten pişmanlık, gelecekten endişe duymayı bırakabilir misin?

## Seyir Defteri:

1- Hayatın hızlandığı durumlarda bile onunla bağlantıyı kaybetmemek için kendine neleri hatırlatırsın?

2- Bugün hangi basit zevklerin tadını çıkarabilirsin?

3- Hayatında bir lezzet patlamasını nasıl yaratabilirsin?

**Alıştırma:** Bilinçli beslenme

Günlük hayatımızda tam anlamıyla tadını çıkarmaya zaman ayırmadığımız için kaçırdığımız o kadar çok güzellik var ki. Bu alıştırma için lezzetli, basit ve doğal bir yiyecek seç. Sessiz bir yere otur ve bütün dikkatini ona ver. Onu renkleri ve şekilleriyle gerçekten gör. Sonra onu kokla. Doğanın sana sundukları için minnet duy. Sonra yavaşça, verdiği zevkin ve yarattığı duyguların iyice tadına vararak ye.

**Alıntı:**

Nereye koşuyorsun? Gökyüzünün içinde olduğunu görmüyor musun?

Christine Singer

# Gizemli aziz

Fontaines'deki küçük manastırın baş keşişi Rahip John, iyimserliğini korumaya çalışıyordu ama zorlu bir durumla karşı karşıyaydı. Cemaatine katılanların sayısı son 15 yılda epey azalmıştı. Rahip daha 16 yaşındayken katıldığında büyümekte ve gelişmekte olan topluluk, şimdi neredeyse yok olmak üzere olan bir cemaate dönüşmüştü.

Şifalı ot bahçesi, çok iyi bir şifacı olan Rahip Epikür'ün ölümünden beri terk edilmişti. Bir zamanlar ona danışmak için çok

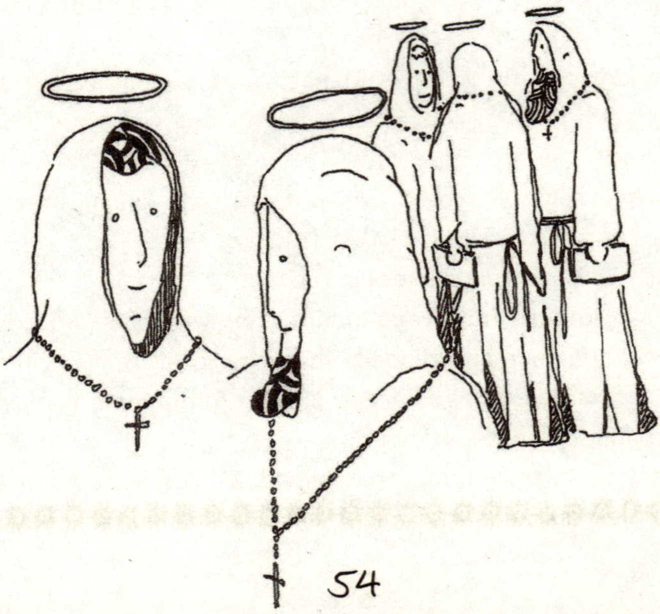

uzun yollardan insanlar gelirdi ama odasını şimdi sadece örümcekler ziyaret ediyordu.

Eskiden manastır, ruhlarını birkaç gün için olsun dinlendirmek, ilahilerle tazelenmek, vaazlardan ilham almak isteyenlerin tercih ettiği bir yerdi. Şimdi manastıra uğrayanların sayısı çok azdı. Ve gelenler asla uzun kalmazdı. Cemaatin yaşlı keşişleri biraz huysuzdu; ilahi söylerken seslerinde neşe, ziyaretçileri karşılarken yüzlerinde gülümseme eksikti. Ve çalışmak için hiçbir heves duymuyorlardı. Aslında Rahip John cemaat içinde de bazen nezaketten yoksun tavırlara şahit oluyordu.

Cemaatinin geleceği hakkında düşünmeye öyle dalmıştı ki Rahip John kapı çanının çaldığını neredeyse duymayacaktı. Kapıya koştu. Kapıda duran adamın uzun, beyaz bir sakalı ve sıra dışı mavi gözleri vardı. Rahip John onu elinden geldiğince coşkulu bir tavırla içeri buyur etti ama bir ziyaretçinin gelişi karşısında duyduğu şaşkınlığı pek gizleyemedi.

"Geçerken uğramış değilim. Manastırınıza gelmek ve kutsal cemaatinizde biraz inzivaya çekilmek için haftalardır yoldayım" dedi ziyaretçi.

Rahip John sesinin hayretle yükselmesine engel olamayarak, "Seni buraya hangi rüzgâr atmış olabilir?!" dedi.

Ziyaretçi öylesine konuşur gibi cevap verdi:

"Bir rüya gördüm, bu rüyada aranızda bir azizin yaşadığı söylendi bana. Burada onun huzurunda bir hafta geçirmek benim için onurdur." Sonra Rahip John'un kendisi için açtığı hücrenin kapısından içeri girip arkasından kapıyı kapadı.

Olanlara bir anlam veremeyen Rahip John, "Aramızda bir aziz mi? Öyle biri olsaydı ben bilmez miydim?" diye düşünerek konuyu Rahip Anselme'yle konuşmak için mutfağa yollandı. Yaşlı adam bir yandan havuçları doğrarken, "Aramızda bir aziz varsa bu olsa olsa Rahip Matthew olabilir" dedi. "Aramızda en bilgilisi ve en neşelisi o."

Birdenbire bu ziyaretçinin doğru söylüyor olabileceğine inanmaya başlayan Rahip John, "Ama neden sen olmayasın? Kendini adamış bir keşişsin; ağrıyan eklemlerine rağmen cemaatine büyük bir sevgiyle zamanını veriyorsun, yeteneklerini onlar için ortaya seriyorsun" dedi. Aralarındaki konuşma kısa sürede duyuldu ve bütün manastıra yayıldı. Herkes azizin kim olabileceğini konuşmaya başladı. Biri bir rahibi diğeri ötekinin yeteneklerini ve erdemlerini övüyordu. Birisi cömertliğiyle övülürken diğerinin söylediği ilahilerle Tanrı'ya ulaştığı düşünülüyor ve sertliğiyle bilinen bir rahibin aslında altın kalbini saklamak için böyle göründüğü söyleniyordu. Akşam yemeği vakti geldiğinde bütün rahipler birbirlerine aziz gibi davranmaya başlamışlardı bile. Sabırla bekliyor, birbirlerini ilgiyle dinliyor, rahip kardeşlerinin sözlerinde derin anlamlar buluyorlardı.

Bir hafta sonra, ziyaretçi manastırdan ayrıldığında her şey tamamen değişmişti.

Keşişlerin davranışlarındaki değişimin çarşıdaki halk ve manastıra artık daha sık gelip daha uzun kalmaya başlayan ziyaretçiler arasında da fark edilmesi uzun sürmedi. Genç erkekler keşişlerin birbirine nezaketinden etkileniyor, cemaate katılmaya karar veriyorlardı.

Cemaat bir yıl içinde büyüdü ve manastır bir kez daha ruhu dünya hallerinden yorulanlar için bir dinlenme yeri oldu.

**Mesaj:** Etrafındaki herkesi bir aziz olarak görmeyi dene.

Güçlü bir topluluk yaratmak için aile ve çeşitli grup üyeleri arasında güven ve değer yaratmamız gerekir. İlk değer yargılarımızı (okulda öğrendiklerimizden) başkalarının başarılarını izleyerek ve değerlendirerek oluştururuz. Gruba katkı yapanları veya grubu yavaşlatanları değerlendirmeyi öğreniriz. Peki ya grubun her bir bireyi tam da kendi yapabildiği ölçüde var oluyor ve katkı sağlıyorsa? Çevrene bak ve gördüğün herkesin tam da yapabileceği kadar katkı sağladığını fark et.

### Seyir Defteri:

1- Etrafındaki herkesin övgüyü hak ettiğini düşünsen davranışlarında ne değişirdi?

2- Olumsuz yargıladığın birini düşün. Onda öne çıkan üç özellik söyle.

3- Bu insan mevcut farkındalığı, samimiyeti ve dünya deneyimiyle şu anda olabildiği en iyi insan olup verebileceği en iyi katkıyı veriyor olabilir mi acaba?

### Alıştırma: Her yerde azizler görme

Bir aziz avcısı ol. Bugün bir azizle karşılaşacaksın. Bu, yoluna çıkan herhangi biri olabilir. Onu fark etmeye çalış. İnsanlara bu bakış açısından baktığında yoluna daha çok aziz çıkarsa şaşırma. Bu alıştırma yoluna çıkan herkesteki ilahi gücü görmene yardımcı olacak.

### Alıntı:

Tek yaptığımız, birbirimize eve kadar eşlik etmek.

Ram Dass

# Ressamın aynası

Usta ressamın evinde mutsuz bir gece yaşanıyordu. Ressam aylardır Lord Buckingland'in sarayındaki büyük duvar resmini bitirmek için çalışmıştı. Sonunda resmi bitirmişti ve nefes kesici güzellikte bir eser çıkmıştı ortaya. Herkes resmi görmek için koşup gelmiş, resme hayran kalmıştı. Ressam ne zamanından, ne malzemeden cimrilik etmiş, parlak renkler yaratmak için en iyi boyaları kullanmıştı ve sonuç büyüleyiciydi.

Ancak sıra parasını almaya geldiğinde Lord sonuçtan memnun olmadığını söylemiş, gözünün yaşına bakmadan kovmuştu usta ressamı. Lord, küstah bir gülümsemeyle şöyle demişti: "Senin sözde 'sanatına' tek bir kuruş bile ödeyecek değilim. İstersen çıkmadan yaptığını silebilirsin; benim için zaten göz zevkimi bozan değersiz bir şey."

Ressamın şaheserinin üzerini boyamaya kıyamayacağını çok iyi biliyordu.

Böylece ressam kalbi kırık bir şekilde eve gelip durumu karısı ve çocuklarına anlattı. Bekledikleri parayı alamayacaklardı. Borçlarını ödeyemeyeceklerdi. Zor zamanlar onları bekliyordu.

Akşam en küçük oğlu çekingen bir şekilde, ressamın durumu tekrar gözden geçirmek için çekildiği atölyesine geldi.

"Baba, anlamıyorum. Lord çok zengin. Bu duvar resmini yapmak için ne kadar çok çalıştığını, ne kadar malzeme harcadığını biliyor olmalı. Kararının bizi fakirliğe sürükleyeceğini nasıl bilmez? Neden bizi hiç düşünmüyor?"

Usta ressam şefkatli gözlerle oğluna baktı. Sonra bir cam parçasını kaldırıp yüzüne doğru tutu.

"Söyle oğlum, ne görüyorsun?" diye sordu.

"Eh" dedi oğlu, "Tabii ki camın ardından senin yüzünü görüyorum".

Yaşlı ressam bir fırçayı gümüş boyasının olduğu kaba daldırdı ve camın arka yüzünü dikkatle boyadı. Sonra gümüş boyasıyla boyanmış camı oğlunun yüzüne doğru kaldırdı. "Şimdi ne görüyorsun?"

"Şey, cam şimdi ayna oldu. Sadece kendi yüzümün yansımasını görüyorum" diye cevap verdi oğlu.

"İşte sorun bu oğlum. Para ve gümüş insanların gördüğü şeyi değiştirir. Para olunca insanın tek gördüğü kendisidir."

**Mesaj:** Etrafındaki insanların ihtiyaçları nedir?

Hayatındaki insanları gerçekten görüyor musun? Bazen kendi hedeflerimize odaklanıp dünyaya diğerlerinin gözünden bakmayı unuturuz. Egonun sonu gelmeyen taleplerinin tutsağı oluruz. Para kazanmaya veya kişisel başarıya ulaşmaya çabalamak bizi başkalarının ihtiyaçlarına karşı körleştirebilir. Ancak başarı diğerlerinden kopmakla gelecekse asla gerçek mutluluğu getirmez. Duygusal sağlığımız için arkadaşlarımız, ailemiz ve toplumla bağlantıda olmamız şarttır. Seni etrafındaki insanlara bağlayan bağları güçlü biçimde hissetmeye ihtiyacın var.

### Seyir defteri:

1- Hayatındaki en önemli insanların ihtiyaçları, mücadeleleri ve yetenekleri neler?

2- Çevrendeki insanların hayatını daha anlamlı kılmak için nasıl bir yardımın dokunabilir?

3- Genellikle yardım etme biçimlerimiz aynıdır. Zamanımızı, dokunuşumuzu, maddi eşyaların yanı sıra sözlerimizi hediye edebiliriz. Sana en doğal gelen yardım etme biçimi hangisi? Yardım için yeni yollar bulmayı dene.

### Alıştırma: Öylesine iyilikler

Komşunun kapısına çiçek bırakmak. Otobüse bindiğinde senden sonra gelenin de parasını ödemek. Bir kişinin hayatındaki olumlu etkisine teşekkür etmek için bir mektup yazmak... Bu alıştırmada yaratıcı olabilirsin. Mutluluğu yaymanın sonsuz yolu vardır. Bu egzersiz şefkat kaslarını çalıştırır ve başkalarının ihtiyaçlarının daha fazla farkında olmana yardım eder. Ayrıca içinde yaşadığın topluluk ve genel olarak insanlıkla bağını kuvvetlendirir.

### Alıntı:

Çok kanaatkâr ve basit bir hayat süren Sokrates bile pazara çıkmayı severdi. Öğrencileri nedenini sorduğunda şöyle derdi: "Gidip, onlar olmasa da mutlu olduğum her şeyi görmeyi seviyorum."

Jack Kornfield

# Hayat veren ağacın iki dalı

Hayat veren ağacın meyvelerini hiç kimse tatmamıştı. Köyün ortasında, iki büyük dalı meyvelerle dolu, muhteşem gökyüzüne ellerini açmışçasına yukarıya doğru uzanıyordu. Kimse bu meyvelerden tek bir ısırık dahi almaya cesaret edememişti çünkü dallardan birinin hayat veren, diğerinin ölümcül zehirli meyvelerle yüklü olduğu herkes tarafından biliniyordu. Hangi dalın ha-

yat, hangisinin ölüm verdiği bilgisi zaman içinde kaybolmuştu. Böylece ağaç etrafı ahşap oturma banklarıyla çevrili olarak öylece köyün ortasında duruyordu. Burası yaşlıların buluşma noktasıydı, çocuklar etrafında oynardı, işçiler gölgesinde dinlenirdi ve geceleri koruyan dallarının altında hikâyeler anlatılırdı. Ama meyvelerine dokunulmazdı.

Büyük kuraklığın yaşandığı yıla kadar bu böyle devam etti.

O yıl gökyüzünden tek bir damla su düşmemişti. Tohumlar toprakta kurumuş, kıtlık başlamıştı. Köyde ölümün gölgesi dolaşıyordu. Ama hayat veren ağaç yeşil kalmıştı ve meyveleri her zamanki gibi kocaman ve suluydu. Kökleri dünyanın merkezine o kadar sıkı sıkıya bağlıydı ki diğer bütün bitkiler kuruyup ölürken o, gizli suya ulaşabiliyordu.

Köylüler ağacın meyvelerini korku ve açlık dolu bakışlarla gözlüyorlardı.

Ta ki bir gün torunu hastalanan yaşlılardan biri bütün köylüleri ağaca çağırana kadar. "Torunumun sağlığı uğruna bu meyvelerin birinden bir ısırık alacağım. Beni izleyin; ölürsem ona diğer daldan bir meyve verin ve torunumun hayatını kurtarın. Umarım bu fedakârlığım daha pek çok nesile hayat verir."

Yaşlı adam bunları söyledikten sonra bir meyveden ısırık aldı. O çiğnemeye devam ederken insanlar da onu izlediler. Yedikçe adamın sırtının dikleştiğini, saçlarının beyazdan siyaha döndüğünü, cildinin parlaklaştığını seyrettiler. Hayat veren meyveyi ısırmıştı. Bütün köylüler fırlayıp o daldan bir meyve koparmaya koştu. Herkese yetecek kadar hatta daha bile fazlası vardı. Sanki onlar meyveleri kopardıkça yerine yenileri geliyordu.

Gece, ağacın dallarının altında hayatın dönüşünü kutlamak için müzikler çalındı, danslar edildi ve neşe dolu şarkıların yankısı dallardan gökyüzüne kadar ulaştı.

Çocuklar uyuduktan çok uzun bir süre sonra endişeli bir fısıltı Ay'ın altında kalplerden dudaklara yayıldı. Ya bilgi bir kez daha unutulursa? Ya bir çocuk masum bir şekilde ağacın yanlış tarafına uzanıp hayatını kaybederse? Zehirli meyveleriyle o uğursuz dalın gözlerinin önünde durması tehlikeli değil miydi? Bir şey yapılmalıydı! Hemen bir testere, altı çift el: İşte çözüm! Hepsi tatmin olmuş bir şekilde yataklarına gittiler. Zehirli dal kesilmiş yerde yatıyordu.

Ertesi sabah köy bir feryatla uyandı. Hepsi dışarı koştular, bir de baktılar ki hayat veren ağaç ölmüş! Bütün meyveleri kurumuş, gövdesinin içi bile kupkuru ve bomboş olmuştu. Daha bir gün önce onca kişiyi olgun meyveleriyle besleyen ikiye bölünmüş ağaç bir gecede kuruyup ölmüştü.

**Mesaj:** Hayat çelişkilidir.

Gece olmadan gündüz, dinlenme olmadan çalışma, gölge olmadan varlık olmaz. Hayatı çelişkileriyle kabul etmek gerçekliği olduğu haliyle kucaklamaktır. "Yanlış" etiketi yapıştırdıklarımızı ortadan kaldırmaya çalıştıkça bir çelişkiler diyarında yaşar ve bir anlamsızlık hissiyle dolarız.

Kendine yasakladığın davranışları inceleyerek seni özgür bırakacak kişilik özelliklerini ve alışkanlıkları keşfedebilirsin.

## Seyir Defteri:

Gölgeni keşfet: Arka bahçende hangi değerli yetenekler gömülü?

1- Başkalarında gördüğünde seni gerçekten kızdıran ve güçlü bir negatif yüklenmeye neden olan kişilik özellikleri ve davranışların bir listesini yap.

2- Listeni baştan sona oku ve sende en güçlü negatif yüklenmeye neden olan üç dört maddeyi belirle. Listendeki özellikler üzerine kafa yor. Bunlar senin kendinde bastırdığın ve kabullenmeyi reddettiğin gölge özelliklerin olabilir mi?

3- Bu gölge benliği hayatında daha önemli bir rol oynamaya davet edebilir misin?

**Alıştırma:** Tadılmamış meyveyi ısır.

Tadabileceğimiz halde hiç tatmadığımız yiyecekler vardır. Tıpkı hayat veren ağaçta dokunulmadan duran meyveler gibi. Mahallendeki süpermarketin veya egzotik meyve ve sebzeler satan bir dükkânın raflarını inceleyip hiç tatmadığın bir meyve veya başka tür bir yiyecek bul. Sonra masaldaki yaşlı adam gibi yeni bir şey deneme riskini göze al. Tadı çok iyi veya çok kötü çıkabilecek olsa da bu riski al.

Genellikle tekdüzeliğimizden sıyrıldığımızda hayat veren tatlar keşfederiz.

**Alıntı:**

Tüm günahların ve sevapların ötesinde bir yer var. Seninle orada buluşacağız.

Mevlânâ Celaleddini Rumi

# Dilek ağacı

Yaşlı yolcu ormanda bütün gün doğru olduğunu tahmin ettiği yönde yürüyüp durmuştu; ama orman öylece uzayıp gidiyordu. Ne bir ev ne de bir köy, insanlara dair tek bir işaret yoktu hâlâ ve gece hızla yaklaşıyordu. Geceyi ormanda geçirmesi gerekecekti. Bu ne ilk ne de sondu aslında. Bir köyden diğerine, bir işten ötekine yollarda geçirdiği yıllar boyunca kaç gece ağaç köklerinin arasına kıvrılmıştı, hatırlamıyordu bile.

Bu gece de farklı değildi; ağaçların altındaki toprağın yumuşaklığını yoklayarak kendine olabildiğince rahat bir yer yapmaya çalıştı. Büyük bir ağacın insanı kucaklayan köklerine yerleşmekte karar kıldı. Ağacın gövdesine yaslandı ve derin bir inilti çıkardı. Yiyecek bir şeyler bulmak için çantasına baktı. Geriye sadece bir parça ekmek ve yolda rastladığı son çiftlikte ona verdikleri elma kalmıştı. Bir sonraki köyün ne kadar uzakta olduğunu bilseydi belki daha fazlasını isterdi. Birdenbire kendini yaşlı, yalnız ve terk edilmiş hissetti. Kendi kendine mırıldandı: "Üstünde gerçek bir yemek olan bir masa olsun isterdim. Şöyle içimi ısıtacak, dumanı tüten güzel bir çorba, sıcak bir ateş... şu kalan dişlerimi acıtmayacak yumuşak bir beyaz ekmek..."

Sonra şaşkın gözlerinin önünde birdenbire bir masa belirdi. Üzerinde dumanı tüten koca bir kâse balkabağı çorbası, bulutlardan daha yumuşak bir ekmek vardı. Etrafı taşlarla çevrili bir ateş yanıyordu. Bu lütfun nasıl gerçekleştiğini sorgulayamayacak kadar açtı. Ellerini ateşte ısıtıp sofraya oturdu ve çorbayı höpür höpür içmeye başladı. Tadı olağanüstüydü, yıllardır ağzına böyle lezzetli bir yemek koymamıştı. Ona çocukluğundaki, hayatın daha basit, yemeğin daha bol olduğu günlerdeki yemekleri hatırlatmıştı. Çocukluğunu hatırlayınca annesinin süt kremasından yaptığı muhallebiyi canı çekti. Hâlâ kendi kendine konuşuyordu. En çok sevdiği yiyecekleri saymaya başlamıştı: "Bahçeden tatlı kış kabağı, ince gevrek tava ekmeği, ah, annem bir de erik reçeline vanilya eklerdi ama asıl en sevdiğim pekan cevizli turtayı yapardı. Şimdi çikolataya bulanmış bir dilim turta için neler vermezdim. Sonra beni yatağıma yatırırdı, kuş tüyü yastık başımı tutan melekler gibiydi ve beyaz çarşaflar öyle gıcır gıcır olurlardı ki üzerime yumuşacık inerken kat yerlerinin açılma seslerini duyardım." Ve şaşkınlıktan dehşete düşmüş gözlerinin önünde, sıraladığı her şey masanın üzerinde beliriverdi. Arkasını döndüğünde onu bekleyen küçük bir yatak gördü. Hiçbir şeyi sorgulayamayacak kadar şaşkın bir halde tıka basa doyana kadar yedi ve beyaz çarşafların arasına girdi. Gözlerini kaparken yorganı üzerine çeken yumuşak bir varlığı hissetti. Adam aslında tesadüfen bir dilek ağacının altına oturduğunu bilmiyordu. Ormanlarda, şehir ve kasabalarda diğer ağaçların arasına gizlenmiş böyle çok sayıda ağaç olduğu söylenirdi ama kimse nerede veya kaç tane olduklarını bilmiyordu. Dilek ağaçlarının kalbimizden geçeni anlama gücü vardı.

Adam tam yıllardır uyuduğu en tatlı uykuya dalacakken birdenbire... içini bir korku kapladı!

"Bir dakika, ben bütün hayatım boyunca şanssız oldum. Bu nasıl benim başıma gelebilir? Bir hile olmalı. Periler veya başka bir kötü ruh bana oyun oynuyor olmalı. Ve uykuya daldığımda beni afiyetle yemesi için bir kaplan gönderecekler, ah evet, bunu yapacaklarını biliyorum!" dedi ve birdenbire ortaya bir kaplan çıkıp onu afiyetle yedi.

Dünya ormanında yürürken ne dilediğine dikkat et; ne zaman bir dilek ağacının altında oturduğunu asla bilemezsin.

**Mesaj:** İhtiyacın olanı iste.

İçimizdeki karanlık masalcı bizi uyarıyor: Mutlu anlar bedava değildir, hayallerinin gerçekleşmesi için ödemen gereken bir bedel vardır. Genel geçer kanı bize her çıkışın bir inişi olduğunu, yüksekten düşmek daha zor olacağı için hiç yükselmemenin daha doğru olduğunu söyler.

Bu, korkunun sesidir.

Günlük deneyimlerimiz zıddını ispatlar. Hepimiz neşe ve bolluğun paylaştıkça arttığını; kalbimizin sesini dinlemenin ve isteğimizi dile getirmenin dileklerimizin gerçek olmasını sağladığını deneyimlemişizdir. Eğer kendini her güzel şeyin bir bedeli olduğuna inandırırsan sırf istemeye cesaret edemediğin için çok fazla güzelliği kaçırırsın.

**Seyir Defteri:**

Hayatında gerçekleşmesini istediğin, sana olması imkânsız gibi gelen beş şeyi yaz. Sonra gözlerini kapayıp teker teker bunların gerçekleştiklerini hayal et. Bunu yaparken derinlerde bir yerde korku salmaya başlayan karanlık masalcıyı dinle. Örneğin, "Hayatında çok para olsaydı insanlar seni kullanmaya kalkardı, hiç gerçek arkadaşın olmazdı, sadece paran yüzünden sevilirdin."

Bunun sadece bir korku olduğunu fark et, onu selamla ve zihninden akıp geçmesine izin ver. Sonra hayalini gözünde canlandırmaya devam et. Seni hayallerinden alıkoyan korkuların farkına varman önemlidir. Ancak o zaman onları sorgulayabilir ve aslında sisten bir duvardan ibaret olduklarını görebilirsin.

**Alıştırma:** Bir yıldız görünce dilek tut!

Dilekler çok güçlü bir enerjiyi serbest bırakır. Bize maddesel veya nesnel unsurlarla engellenmemiş bir dünya hayal etmemiz için alan açarlar. Dilek tutmanın kuralı yoktur; böylece bir an için en çılgın hayallerimizin sesini bulmasına izin veririz ve bu da kalbimizin en derin arzularıyla bağ kurmamıza yardım eder.

Bütün kültürlerde pek çok küçük şey dilek dilemek için bir fırsattır: Yanağa düşmüş bir kirpik, kayan bir yıldız, aynı kelimeyi aynı anda söylemek veya daha modern bir örnek olarak saatin aynı rakamları gösterdiğini görmek (örneğin 11:11). Hiçbirini kaçırma, bir dilek tut! En içten arzularını açığa çıkarman için güzel bir alıştırmadır bu.

**Alıntı:**

Bazen kutsanmak için
Yapmam gereken tek şey
Olduğum yerde durmaktır.

Mary Oliver

# Şehriye çorbası

Haham Elimelek ölüm döşeğindeymiş. Yanı başında duran oğlu Haham Eleazar üzüntüsünü ve korkusunu babasına gösterdiği aşırı özenin ardına saklıyormuş. Ölmekte olan adamın yatağının etrafını çiçeklerle donatarak, odayı havalandırmak için pencereleri açarak, yaşlı adamı odanın rutubetinden korumak için ateşe bir odun daha atarak kendini oyalıyormuş. Babasının cılız ve soğuk elini tutarak sürekli soruyormuş: "İstediğin bir şey var mı, herhangi bir şey? Seni nasıl daha rahat ettirebilirim?"

Ama yaşlı bilge artık ömrünü tamamladığını düşünüyormuş ve bu dünyadan huzur içinde ayrılmaya hazırmış. Bütün arzulardan arınmış bir haldeymiş ve hiçbir şey istemiyormuş. Oğlu ısrar etmiş: "Müzisyenleri çağırayım da en sevdiğin şarkıları çalsınlar, ister misin? Aşçıyı çağırayım da yumuşak örgü ekmek, blini, taramayla bir ziyafet sofrası hazırlasınlar mı?" Babası gülümsemiş ve fısıltıyla oğluna şöyle demiş: "Biliyor musun oğlum, sanırım sana bu hayatta tattığım en lezzetli yemeğin ne olduğunu hiç söylemedim. Bu ne bir ziyafette ne de zengin bir bayram sofrasında yediğim bir yemekti. Yediğim en mükemmel yemek de değildi. Ve son olarak isteyebileceğim tek şey, bir gün nazik Haham Zousya'yla Gdansk'a doğru yol alırken bir yol kenarı hanında yediğim basit bir şehriye çorbasıdır. Artık çok geç tabii, şimdi o cennetten çıkmış lezzetli sade çorbadan bir kâse daha tadamadan gideceğimi biliyorum ama bırak da gözlerimi kapatıp bu büyülü anı seninle paylaşarak tekrar yaşayayım.

Uzun süredir yoldaydık ve sadece çantalarımızdaki ekmekten azar azar ısırarak idare ediyorduk. Basit bir hanın kapısına vardığımızda yorgun ve açtık. Hancının karısı hayatın bütün sürprizlerini basit bir neşeyle karşılayabilecek gibi görünen bir kadındı. Bizi nezaketle buyur etti ve üzülerek bize verebileceği tek yemeğin basit bir çorba, bir kâse şehriye çorbası olduğunu söyledi. Ona istediği kadar basit olsun, sıcak herhangi bir şeyin bizim için lütuf olduğunu söyledik. Ama çorbayı getirdiği zaman sadece kokusundan bile, bunun sıradan bir çorba olmadığını anlamıştık. Sanki içinde cennetten gelme otlar vardı! Tıpkı hazine bulmuş çocuklar gibi coşkuyla, gözlerimiz keyiften ışıldayarak çorbayı içtik. O gece Haham Zousya'yla Kral Davud'un sofrasına davet edilmiş olduğumuzu biliyorduk. Şimdi, bu dünyayı terk ederken ağzımda o cennetten çıkmış gibi gelen şehriye çorbasının tadından başka tat olsun istemiyorum."

Haham bunları söyler söylemez uykuya dalmış ve dünyaya yüzünde çocukça bir gülümsemeyle, usulca veda etmiş. Babasının dünyadan göçüşünün hâlâ yasını tutmakta olan oğlu birkaç hafta sonra Gdansk'a gidip babasının bahsettiği hanı aramaya karar vermiş. Yaşlı adamın izinden yürümenin onun sevgi dolu varlığını hissetmesine yardımcı olacağına inanıyormuş.

Yol üstünde eski bir eve, pek ziyaret edilmeyen bir hana denk gelmiş. İçeriye saf hayat sevgisi saçan bir kadın tarafından buyur edilmiş. Kadın mutfağın tamtakır olduğunu ve şehriye çorbasından başka bir şey pişirecek malzeme olmadığını söyleyerek özür dilemiş. Haham Eleazar teşekkür etmiş ve tek istediğinin şehriye çorbası içmek olduğunu söyleyerek kadını rahatlatmış. Kadın kısa bir süre sonra su gibi berrak bir çorba getirmiş. Bu, dünyanın en lezzetli çorbasıymış. Haham Eleazar içinde su ve şehriyeden başka bir şey olmayan bu çorbanın hayatında tattığı en nefis karışım olmasına şaşırmış. Sanki çorba, cennetten çıkmış otlarla tatlandırılmış gibiymiş. Merakına engel olamayarak kadına böylesine cennet sofralarına layık bir çorbayı yapmak için hangi malzemeleri kullandığını sormuş. Kadın hikâyeyi anlatmak için masasına oturmuş:

"Yıllar önce, iki bilge adam içeri girdiğinde hanın mutfağı –aynı bu geceki gibi– tam takırdı. Adamların görünüşünden yorgun ve aç oldukları anlaşılıyordu. Mutfağa giderken onlara sadece şehriye çorbası verebileceğim için üzüldüm. Ne soğanım ne otlarım vardı, çorbaya tat katacak hiçbir şeyim yoktu. Ve bu yaşlı adamların güzel bir yemeğe hasret oldukları belliydi. Onlara yorgunluklarını alacak bir şey vermeyi gerçekten çok istiyordum ve çorbayı pişirirken dua ettim: 'Tanrım, bu koca dünyayı yoktan var ettin ve hepimizi basit bir çamurdan yarattın. Bu su ve şehriyelerden de lezzetli bir çorba yapa-

maz mısın?' Ve sanırım duam kabul oldu çünkü o akşam yaşlı adamlar çorbamı o kadar sevdi ki kâselerce içtiler ve ateşin yanında yüzlerinde çocuksu bir gülümsemeyle uyudular. O iki bilge adamın ziyaretinin üstünden yıllar geçti. Bu akşam seni gördüğümde bir şekilde derin bir üzüntü içinde olduğunu hissettim ve çorbayı hazırlarken yıllar önce ettiğim basit duayı hatırladım. Böylece aynı tarifi kullandım. Kâsede su, şehriye ve tencereye doğru söylenmiş birkaç sözden başka bir şey yok."

Haham Eleazar o an babasının ve eski arkadaşı Zousya'nın sevgi dolu varlıklarını masada hissetmiş. Babasının dilediği son yemeği paylaştıklarını biliyormuş.

Sonra hancının karısının yüzüne bakmış ve iyi kalbinden fışkıran cömertliği hissetmiş. O anda kederi onu terk etmiş. Onun yerine sonsuz bir sevgi doldurmuş içini.

**Mesaj:** Bir şey yapmak zorunda değilsin. Tanık ol. Yanında ol.

Birinin acı içinde olduğunu gördüğümüzde genellikle hemen harekete geçer, yardım etmek, bir şeyler yapmak isteriz. Ancak acele "çözümlerimizin" gerçek empatiden mi yoksa diğerinin acısına katlanmak konusundaki âcizliğimizden mi kaynaklandığını kendimize sormamızda fayda var. Genellikle başkalarının acı ve ihtiyaçlarını görmekten kaçınırız çünkü bir yardım veya çözüm sunamayacağımızdan korkarız. Bazen tanık olmak, anlayışla sadece o kişinin yanında olmak verebileceğimiz en önemli hediyedir. Sevgi bize başkalarının güzel ihtiyaçlarını görebilme yeteneği verir. Sonra kalplerimizi doğanın bolluğuna açarak dünyaya cömertliği aktaran kanallar oluruz.

## Seyir Defteri:

1- Dünyanın bolluğunu ihtiyacı olanlara ulaştırmanın yolları neler olabilir?

2- Bugün kalpten bir hediye vermek istesen neler verebilirsin?

3- Vücudumuzu yiyeceklerle besleriz; kalbini neyle besliyorsun?

**Alıştırma:** Bilinçli yemek yapmak.

Basit bir yemek hazırla ve pişerken o yemeği yiyecekler için güzel sözler söyle. Bu alıştırmayı misafirinin özel bir ilgiye ihtiyacı olduğunu gördüğün her seferinde yapabilirsin. Bunu kendi ihtiyacını belirlediğinde kendin için de yapmayı unutma. Sen de özel ilgiye layıksın. Sonra yemeği kalbindeki iyi niyetlerinle masaya koy.

## Alıntı:

Sadece kalbi temiz olanlar iyi çorba yapabilir.

Ludwig van Beethoven

# Ziyaretçi

Şehrin kapısında yaşlı bir çoban yanındaki genç çırağıyla bir kayanın üzerine oturur, bir yandan büyük koyun sürüsünü gözler bir yandan da mekanik el hareketleriyle pazarda sattığı süveter ve çorapları örermiş. Bir gün bir ziyaretçi gelmiş, şehrin kapısında içeri alınmayı bekleyen erkeklerin yanında sıraya girmiş ama adam tereddütte görünüyormuş. Çobana yaklaşıp sormuş: "Söyle bana yaşlı adam, bu şehri tavsiye eder misin? Buraya yerleşip küçük bir iş kurmayı düşü-

nüyorum ama amacıma bu kadar yaklaşınca kalbime bir korku doldu. Bu şehrin insanları nasıldır? Onlara güvenebilir miyim?"

"Geldiğin şehirdeki insanlar nasıldı?" diye sormuş çoban. "Ah!" demiş adam, "Hepsi yalancı, dolandırıcı, hırsız! Bu yüzden yeni bir yer arıyorum. Beni sürekli hayal kırıklığına uğratmalarından bıktım."

"Ne yazık ki yabancı, bu şehrin insanları da aynı. En iyisi sen yoluna devam et" demiş yaşlı çoban.

Yaklaşık bir hafta sonra başka bir ziyaretçi şehir kapısındaki kabul sırasından çıkıp yaşlı çobanın yanına gitmiş:

"Söyle bana yaşlı adam, bu şehri tavsiye eder misin? Yerleşip küçük bir iş kurmayı düşünüyorum ama amacıma bu kadar yaklaşınca kalbime bir korku doldu. Bu şehrin insanları nasıldır? Onlara güvenebilir miyim?"

"Geldiğin şehirdeki insanlar nasıldı?" diye sormuş çoban.

"Buna çok üzülüyorum işte" demiş adam, "dünyanın hiçbir yerinde o kadar sevgi dolu, güvenilir ve cömert bir çevre bulamam. Bir hafta önce komşularımdan zor ayrıldım ve onları şimdiden özledim."

"Eh, şanslısın yabancı; bu şehrin insanları da aynı" demiş yaşlı çoban.

İki konuşmayı da duyan çırağı yaşlı adama sormuş: "Neden bu adamlara farklı cevaplar verdin? Şehrin insanlarıyla ilgili fikrin bir hafta içinde tamamen değişmiş olamaz."

"Hayır oğlum, bu adamların her birine kendilerinin yaşayacakları gerçeği söyledim. Dünya içimizde taşıdığımız korkuların aynasıdır."

**Mesaj:** Dünya senin aynandır.

Çevren ve onu algılama biçimin ruh halinin bir aynasıdır. Kimileri güzel inziva merkezlerinde ağustosböceklerinin sesinin meditasyonlarını bozduğunu düşünüp rahatsız olurken kimileri de şehirdeki parklarda, arabaların seslerinden ve çevreden rahatsız olmadan huzur bulurlar.

Dışarıda gördüğün güzellik içinde taşıdığın güzelliktir.

Güzel haber şu ki: Bu durum iki taraflıdır. Bilinçli bir şekilde dışarıdaki huzuru fark etmeye çalış. İç huzuruna kavuştuğunu göreceksin. Başkalarında iyiyi ve güzelliği görmeye çalış. Kalbin çiçek gibi açılacaktır. Bugün sadece etrafındaki güzellikleri fark ederek dünyayı daha iyi bir yer yapmaya başlayabilirsin.

**Seyir Defteri:** Serbest yazı

Alarmı kur ve 15 dakika boyunca durmadan, yargılamadan, yazdıklarını tekrar okumadan veya silmeden yaz. Bırak, kelimeler kontrol eden, sürekli değerlendirmeler yapan zihninden değil elinden ve kaleminden aksın. Çevren, gördüğün yerler ve insanlar hakkında yaz. Şu anda yaşadığın yer, yatağın, şehrin, kasaban, köyün, hayatın içinde karşılaştığın ve ilişki kurduğun insanlarla ilgili deneyimlerini tarif et. 15 dakika bittiğinde (daha önce değil!) yazdıklarını tekrar oku ve sana özellikle dokunan beş cümleyi seçip altlarını çiz. Bunlar sadece sende derinden etki uyandıran cümleler olsun. Yine, içindeki eleştirmene izin verme. Bu cümleler iç dünyanı ne ölçüde tarif edebiliyor?

**Alıştırma:** Teşekkür kutusu yap.

Bir şey için minnet duyduğunda bunu küçük bir kâğıda yaz ve kâğıdı katla. Sonra notu bir kutuya koy. Notların aldığın bir hediye, bir arkadaşınla geçirdiğin güzel bir an, muhteşem bir gün ışığı veya bir sıkıntıyı, kazayı atlattığın için olabilir; ya da eşin, sevgilin çocukları parka götürdüğünde kendi kendine geçirdiğin sessiz bir akşamüstü için... Kalbine dokunan her şeyle ilgili olabilir. Kendin için yaptıklarına duyduğun minnet hakkında da notlar almayı unutma. Yılsonunda kutuyu açıp topladığın bütün bu pırıltılı anları okuyabilirsin. Eski bir kumbara da bu iş için kullanılabilir. Böylece birikime başka bir anlam katmış olursun. Çünkü burada başka bir geçer akçe biriktiriyoruz: Büyü ve güzellik.

**Alıntı:**

Kendini sevinçle,
Kendi kapında, kendi aynanda
Karşıladığın gün gelecek
Ve her biri diğerini selamlayarak gülecek
Ve diyecek ki otur. Bir şeyler ye.
Bir zamanlar sen olan o yabancıyı yeniden seveceksin.

Hâfız

# Tanrı'nın dükkânı

Pazardan dönen bir adam yolunun üzerinde daha önce hiç görmediği bir dükkân görmüş. Tabelasında "Tanrı'nın Dükkânı" yazıyormuş. Dükkânın önünde durup düşünmüş, "Tanrı'nın dükkânı mı? Bu nasıl bir dükkân olabilir? Ne sattığı bile yazmıyor... ne tuhaf isim..."

Yoldan geçen birini durdurup sormuş: "Bu dükkânı biliyor musun? Nasıl bir yer?"

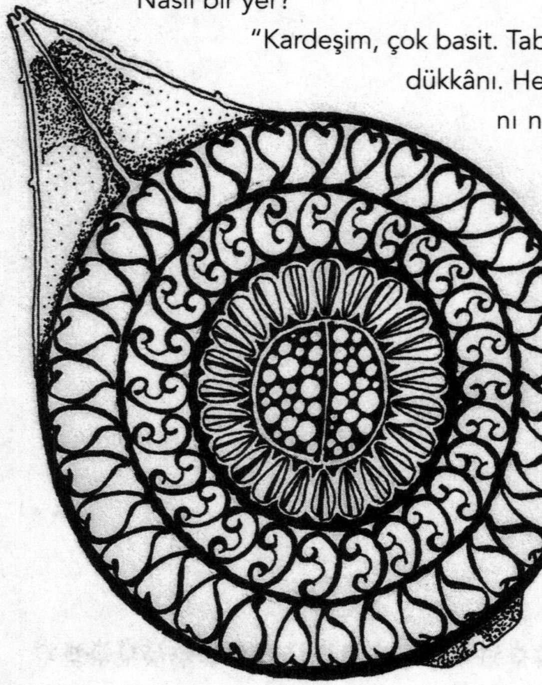

"Kardeşim, çok basit. Tabelayı oku; burası Tanrı'nın dükkânı. Herkes bu dükkâna girip canı ne istiyorsa onu söyler ve Tanrı da ona istediklerini bağışlar."

"Bu kadar kolay mı? İstediğin her şeyi alabilir misin?"

Yoldan geçen adam omuz silkmiş. "İçeri gir, göreceksin."

Adam ilk önce tereddüt etmiş ama denemeye karar vermiş. Cam kapıyı ittirince küçük bir zil çıngırdamış. Dükkân küçük ve boşmuş. Arka taraftan gelen ayak sesleri duymuş ve melodili bir ses yankılanmış: "Geliyoruuum!" Ve işte orada, kasanın arkasında oturuyormuş: Tanrı.

Adam çekinmiş; ziyaretinin açgözlü sebebinden neredeyse utanmış. "Eğer duyduklarım doğruysa, ne istersem alabilir miyim?" diye sormuş.

"Elbette" demiş Tanrı, "Sadece bana kalbinden geçeni söyle."

"Şey" diye söze başlamış adam, "Kendim, arkadaşlarım ve ailem için mutluluk, sevgi, para, akıl..." Ama listesini uzatmaya fırsat kalmadan Tanrı'nın sevecen ama hafif alaycı gülümsemesi onu durdurmuş. Tanrı ona homurdanır gibi bir sesle şöyle demiş: "Herhalde sana yanlış anlattılar. Bu dükkânda meyve bulunmaz, ben sadece tohumları veririm..."

**Mesaj:** Kalbinden geçen istek ne?

Bahçendeki toprak, tohum atmaya hazır. Tohumları iste ve onları ekip sevgi ve özenle bak. Büyüyeceklerdir.

İçimizde sınırsız bir potansiyelle doğarız. Her gün yabani otlar ve bize gerekli fideler arasından bilerek veya bilmeyerek seçimler yaparız. Bir şeye niyet eder, başka bir şey biçeriz. Hem bahçe hem de bahçıvanız biz. Tohumlar ise koşullar, farklı rüzgârlar, iyi insanlar ve bizler tarafından sürekli olarak atılır. Bir bahçıvana yabani ot gibi görünen bir diğeri için şifalı ot olabilir. Yaptığın seçimlerin farkında ol.

**Seyir Defteri:**

Bahçende her şeyin yetişebileceğini bilsen ne ekerdin? Tohumlarını iste.

**Alıştırma:** Teneke bahçeciliği

Teneke kutuları ve konserve kaplarını temizleyip içlerine nane, kekik, frenksoğanı, hardal gibi otlar ek. Bu otları kullanarak her yemek yaptığında yemeğinin bu basit şifalı otlarla verdiğin sevgiyle nasıl değiştiğini hisset. Bu alıştırma, yeni tohumlar ekmeye hazır olduğunda içindeki değişim ve iyileşme potansiyelini sana hatırlatacak. Bir şey değişince her şey değişir.

**Alıntı:**

Günlerini biçtiğin hasatla değil ektiğin tohumla yargıla.

Robert Louis Stevenson

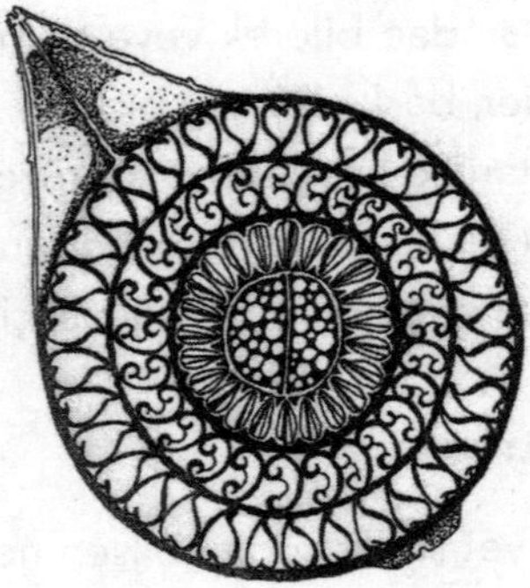

# Veba

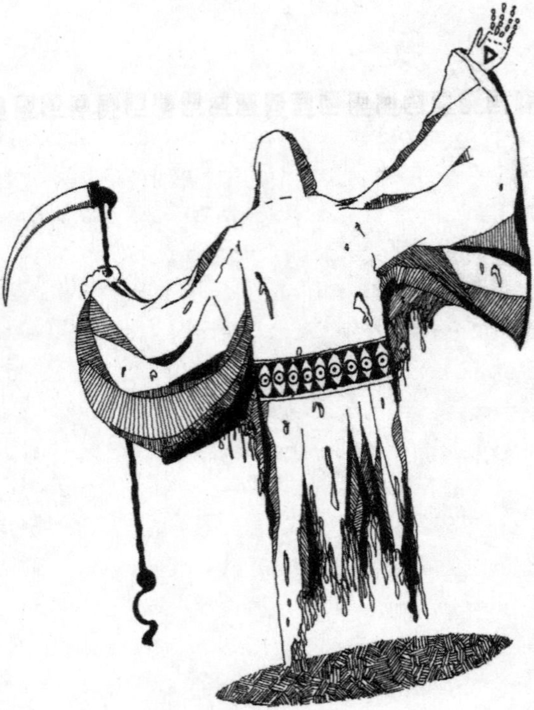

Kervan birkaç günlük yolculuktan sonra bir su kenarında durmuştu. Develer dinleniyordu; yükler boşaltılmıştı. Bunlar uzun bir yolculuğun ilk günleriydi. Tüccarlar ve yardımcıları sevgili şehirlerini aylarca hatta belki bir yıl boyunca göremeyeceklerdi. Tüccarların başı, karısı ve beş güzel kızını bıraktığı şehre doğru bakarken yavaşça ama kesinlikle o yöne doğru yürüyen cüppeli bir siluet gördü. Olabilir miydi?! Evet, şüphe yoktu, herkes onu bir bakışta tanırdı. Bu Veba'ydı ve şehre doğru yürüyordu. Tüccar atına atladı ve kısa bir süre sonra Veba'nın önüne çıktı. "Nereye gidiyorsun Veba?"

Veba, "Geldiğin şehre tüccar" diye yanıtladı.

Tüccar titreyerek atından indi ve dizlerinin üzerine çöküp Veba'ya şehrini, sevdiklerinin canını bağışlayıp yönünü değiştirmesi için yalvardı.

"İnsanlardan emir almam ben; kendi yolumda yürürüm ve kimse beni doğrumdan saptıramaz. Doğam bana ne yapmamı söylüyorsa onu yaparım. Ancak sen huzur içinde yoluna gidebilirsin. Şehirden sadece 500 can alacağım ve yoluma devam edeceğim. Burada kalmaya niyetim yok, sadece geçip gideceğim."

500 ölü çoktu ama yüz binlerce kişilik bir şehirde Veba için büyük bir sayı değildi. Bu yüzden tüccar Veba'ya teşekkür etti ve ailesi için bir koruma duası okuyup yoluna devam etti.

Aylar geçmişti ve tüccar şehrin kapılarına doğru yaklaşırken Veba'yla olan karşılaşmasını neredeyse unutmuştu. Çok para kazanmıştı. Yükünü iyi bir fiyata satmış ve geriye değerli eşyalar getirmişti. Dönüşü şerefine verilecek ziyafet ve kutlamaları, kızlarını görmeyi, karısının tatlı sesini tekrar duymayı iple çekiyordu.

Uzaktan baktıklarında şehir tuhaf bir şekilde sakin görünüyordu. İçine girdiklerinde yine sessizdi. Kapılar açık, sokaklar boştu. Seyyah kafilesi yavaşça şehir merkezine yaklaştı. Ne bir insan ne bir köpek vardı. Hiçbir şey kıpırdamıyordu. Şehir bomboş ve kederli görünüyordu. Veba tek bir can bile bırakmamıştı.

Tüccar evine girdiğinde kalbi paramparça oldu. Veba neden ona yalan yere güvence vermişti? Ona yalan söylememiş olsaydı geri döner, bu zamana kadar sevdikleriyle olurdu. Karısı kızlarının hastalanışını ve acı çekişini yaslanıp ağlayacak bir omuz bulamadan seyretmiş olmalıydı. Kocası yanında olup yüzünü okşayamadan gözlerini bu dünyaya kapatmıştı. Büyük bir aşkla sevdiği kadını yüzüstü bırakmıştı. Hepsi Veba'nın söylediği yalan yüzündendi. Kalbindeki üzüntü çabucak öfkeye dönüştü. Veba'yı bulacak, onunla yüzleşecekti. Kimse, Veba bile bu kadar zalim olmamalıydı.

Haftalar, aylar boyunca yolculuk etti. Onu yakından takip ediyordu. İzini sürmek kolaydı çünkü arkasında çokça yıkım bırakıyordu. Sokaklarını cesetlerin doldurduğu yüzlerce şehre girip çıktı. Ve sonunda bir gece, onu buldu. Bir sonraki hedefine doğru yola çıkarken mutsuz bir şehri arka kapısından çıkarak terk etmekteydi. Tüccar öfkeyle onu durdurup üzerine yürüdü: "Bana nasıl yalan söylersin?! Sadece 500 can alacağını söyledin ama şehirde tek bir can bırakmamışsın. Sen oradan ayrıldıktan sonra sokakta yürüyen bir kedi bile kalmamış."

"Ben yalan söylemedim. Asla söylemem. Şehrine girdim, 500 can aldım. Geri kalanları ben almadım. Korku aldı. Nereye gitsem adsız ve sessiz bir şekilde peşimden geliyor. Benim alabildiğimden daha çok can alıyor. Ben sadece şehre girebiliyorum, o kalplerine giriyor."

**Mesaj:** Korkuyu hisset ve yoluna devam et.

Acı, yaşadığımız deneyimle ilgili kendimize anlattığımız olumsuz hikâyeden kaynaklanır. Genellikle bir eyleme veya olaya eklemlenen korku, olayın kendisinden daha acı verici ve felç edicidir. Korku duygumuzu reddetmeden, göz ardı etmeden veya bastırmadan tamamen hissedip farkına varalım ve sonra ona rağmen yolumuza devam edelim.

## Seyir Defteri:

1- Bir gün rüzgârın gelip bütün reddedilme ve başarısızlık korkusunu alıp götürdüğünü hayal et. O zaman ne yapardın? O günü ve sonuçlarının neler olabileceğini yaz.

2- Bir şeyin olmasını beklerken çok büyük bir korku yaşayıp sonucun korktuğun gibi olmadığını veya beklerken hissettiğinden daha az korkutucu olduğunu deneyimledin mi hiç? Bu deneyimi detaylarıyla yaz. Neler olmasını bekliyordun? Nasıl hissediyordun, sonunda ne oldu ve o zaman ne hissettin?

**Alıştırma:** Korku davetli listesi

100 korkudan oluşan bir liste yap. Mümkünse listeni bir oturuşta ya da en çok bir iki oturuşta yap bitir. Sonra listeni baştan sona okuyup her bir korkunun tekrar farkına var. Her birini bir davetliyi karşılar gibi buyur et. Korkular harika öğretmenlerdir ama çok iyi efendiler olamazlar. Korkularından öğrenmek, onlara boyun eğmekten farklıdır.

**Alıntı:**

Neşe, üzüntü, utanç,
Bazı anlık farkındalıklar,
Davetsiz misafirler gibi gelir.
Hepsini buyur et ve ağırla!
Evinin eşyalarını vahşice
Çalıp çırpan bir keder sürüsü bile olsalar,
Her misafire saygıyla davran.
Seni yeni bir mutluluk için
Temizliyor olabilirler.

Mevlânâ Celaleddini Rumi

# Barnous papazı

Barnous 250 canın yaşadığı küçük bir köydü. Ve bu köyün insanlarını doğru yolda tutmak Papaz Pierre'in kendine biçtiği görevdi. Çoğu kişi yaptığı işin pek zor olmadığını düşünebilirdi. Barnous halkı kiliseye gider, birbirlerini tanır ve yardım eder, cemaatlerine özen gösterir ve bahçelerine iyi bakarlardı. Ancak Papaz Pierre'in işi çok daha zordu. Ruhani liderleri olarak onlara ilham vermesi, onlardan üstün olması gerektiğini düşünürdü. Tanrı'ya adanmışlığın en iyi örneği olmalıydı. Eğer cemaati heyecansızsa, Tanrı aşkıyla yanmanın gerçekte ne olduğunu göstermek onun göreviydi.

Bir gün Barnous'a yağmur geldi. Sıradan bir ilkbahar yağmuru gibi başlasa da bütün gece boyunca sürdü ve köylüler ertesi sabah uyandıklarında nehrin yatağından taşmış olduğunu gördüler. Yağış gün boyunca da devam etti ve kısa süre içinde sokakları ve evlerin alt katlarını su bastı.

Papaz Pierre kilisenin çanlarını çalıp herkesi ıslak kiliseye, yağmurun kesilmesi için dua etmeye çağırdı. "Tanrı herkesi sever, bizi duyar, korkmayın, yağmur kesilecek."

Hepsi dua etti ama yağmur aralıksız yağmaya devam ediyordu.

İnsanlar daha yüksek yerlerde yaşayan akrabalarının yanına gitmek için köyü terk etmeye başlamıştı. Gitmeden önce birkaçı kiliseye uğrayıp Papaz'a onlarla gelmesini teklif etti. Onu kilisede, göğsüne kadar suda diz çökmüş, dua ederken buldular.

"Tanrı ufacık bir test yapıyor ve siz de hemen kaçıyorsunuz. İnancınız ne kadar da azmış! Ben gitmeyeceğim. Tanrı beni sevgiyle izliyor. Benim inancım var, Tanrı beni terk etmez."

Aileler biraz ısrar edecek oldular ama onu kandırmanın ne kadar zor olacağını fark edip iyi dileklerde bulunarak kiliseden çıktılar.

Yağmur devam etti. Su o kadar yüksekti ki Papaz Pierre koro balkonuna çıkmak zorunda kaldı ama hâlâ dua ediyor ve Tanrı'nın yardımını bekliyordu.

Köyün muhtarı camlardan birini kırıp sel basan kiliseye girdi. Küçük botuyla inatçı Papaz'ı kurtarmaya gelmişti. "Ah, hadi ama Pierre! Kalk dizlerinin üstünden ve buraya gel! Yağmuru durdurduğun yok! Tanrı yardım etmiyorsa sen kendi kendine yardım etmek zorundasın. Haydi, atla! Seni kız kardeşime götüreceğim, orada bizim için sıcak içecekler bile hazırladı. Burada kalırsan boğulacaksın."

Papaz Pierre muhtarın sözlerinden dehşete düşmüştü. Onun gizli bir ateist olduğundan her zaman şüphe etmişti zaten ve şimdi bu günahkâr sözleri haklı olduğunu kanıtlıyordu. Bu adamla işi olmazdı. Dualarına dönmeden önce omzunun üzerinden bağırdı: "Gitmeyeceğim buradan! Tanrı beni koruyor, benim inancım var, Tanrı boğulmama izin vermez."

Kısa bir süre içinde bütün kiliseyi su basmıştı. Hâlâ inadından vazgeçmeyen Papaz Pierre kilisenin çatısına sığınmıştı. Bütün köy sel altındaydı. Şimdi kocaman bir göle dönmüş olan köyde suyun üstünde kalan tek şey kilisenin çan kulesinin çatısıydı. Dizleri üzerinde kuleye tutunmuş halde Papaz Pierre hâlâ gayretle dua ediyor, ilahi kurtuluşun her an gelmesini bekliyordu.

Bir helikopter sesi duydu. Başının üzerinde bir ses ona merdivene tutunmasını söylüyordu. Merdiveni görmezden gelip kendi kendine, "Tanrı beni koruyor, benim inancım var, Tanrı beni terk etmez" diye mırıldandı. Helikopter gitti ve bir saat sonra Papaz Pierre kilisesinin etrafındaki sularda boğuldu.

Kısa bir süre sonra kendisini cennetin kapılarında buldu. Papaz Pierre şaşkındı. Bir melek onu içeri almak üzereyken reddetti. "Tanrı beni nasıl yüzüstü bırakır? Bütün hayatım boyunca sadık bir hizmetçisi oldum. Cemaatime tam bir adanmışlıkla liderlik ettim. Mütevazı ve dindar bir hayatın örneği oldum. Tanrı'ysa bana kurtuluşu göstermeden boğulmama izin verdi! Bu nasıl olur?"

"Hımm" diye mırıldandı melek, "Gerçekten kulağa tuhaf geliyor. Tanrı genellikle ihtiyacı olanlara yardım gönderir. Kayıtlara bir bakayım. Köyünüzün ismi nasıl yazılıyordu?"

Ve önünde mucizevi bir şekilde beliren koca bir kayıt defterini karıştırmaya başladı.

"Ah, işte, Papaz Pierre, Barnous Papazı: Sel. Eh, burada Tanrı'nın size üç kurtarıcı gönderdiği yazıyor: Cemaatinizden aileler, belediye başkanı ve hatta bir helikopter. Aklım karıştı, neden hiçbirini kabul etmediniz?"

**Mesaj:** İhtiyacına ulaşmanın birden çok yolu vardır.

Genellikle bir durumla ilgili nasıl bir çözüm olması gerektiğine dair net bir fikrimiz vardır. İhtiyaçlarımızın karşılanması için belirli stratejilere tutunuruz. Ve önümüze çıkacak çok belirgin bir çözüme odaklandığımız için karşımıza çıkan diğer çözümleri reddedebiliriz. Unutma, lütuf ve yardım çeşitli şekillerde gelebilir. Önemli olan onları oldukları halleriyle fark edebilmektir.

### Seyir Defteri:

Yardım veya rehberlik beklediğin bir durum seç. Bu durumu ve karşılanmamış ihtiyacını tanımla. Sonra sana en çok yardımı dokunacağını düşündüğün çözümü yaz. Odaklandığın 'ideal' çözümü olabildiğince fazla detay vererek anlat. Bu 'beklenen çözümü' iyice anlattıktan, andıktan ve fark ettikten sonra bu stratejiden sessizce vazgeç. Ve bu düğüme çözüm olacak başka yollara kendini aç. İhtiyacına sahip çıkarsan çözümünün kendini göstereceğine güven.

### Alıştırma: Melekleri tanımak

Günlük hayatına katkı yapan yardımcıların kimler? İçtiğin kapuçinonun köpüğünü çırpan, sana doğru anda doğru kitabı ödünç veren, önünden hızla bir araba geçerken seni arkandan tutan görünmez kişiler. Onları fark et ve sihirli yardımcıların olarak kabul et.

### Alıntı:

Benden alamayacağın tek şey bana yaptıklarına vermeyi seçtiğim karşılık şeklidir. Bir insanın özgürlüklerinin sonuncusu herhangi bir durumda seçtiği tavırdır.

Viktor E. Frankl

# Cebimdeki elmas

"Olabilir mi? Hayır, o olamaz." ... Yine de benzerlik inanılmazdı. Sultan Ahmet bir daha, bir daha baktı. Üzerinde eskimiş bir abayla sokağın köşesinde kıvrılmış yatan bu yaşlı adam Bilge İsmail'den başkası olamazdı.

Sultan daha gençken, Bilge İsmail babasının saygın danışmanlarından biriydi. Bilgenin zihninin, en gizemli düğümleri çözebildiği söylenirdi. Sultan, yaşlı adamın talihinin ters döndüğünü, karısının ölümünün bilge adamın kalbini paramparça ettiğini duymuştu. Kimisi aklını kaybettiğini söylemiş, kimileri afyona düştü demişlerdi. Yine de Sultan bu muhterem adamı bir gün bir yol kenarında uyurken göreceğini hiç tahmin etmezdi. İnsanın kalbini burkan bir görüntüydü bu.

Sultan orada olduğunu belli edip onu küçük düşürmek yerine Bilge İsmail'i görmemiş gibi yaptı ve onu uyandırmadan yürüyüp gitti. Saraya döner dönmez en güvendiği hizmetkârlarından birini çağırdı ve avucuna değerli bir taş koydu. Ona bu taşı Bilge İsmail'in cebine, onu uyandırmadan koymasını emretti. Böylece bu lütfun nereden geldiğini hiç bilmeyecekti. Bilge İsmail sarayda yıllarını geçirmişti. Bu taşın ne kadar değerli olduğunu bir bakışta anlayabilirdi ve taşı değerine satabilirdi. Sultan, Bilge İsmail'in taşı bulduktan sonra hayatını tekrar yoluna sokmak, kendine düzgün giysiler almak, iyi bir eve yerleşmek için birkaç aya ihtiyacı olacağını düşündü. Ancak o zaman bu bilgeyi utandırmadan selamlayabilirdi. Evet, en az üç ayını alırdı.

Böylece Sultan sabırla bekledi. Üç ay sonra Bilge İsmail'i gördüğü mahalleye gitti. Etrafa sorup evini aradı ama kimse Bilge İsmail'i bilmiyordu. Şehri terk etmiş olabilir miydi? Sultan bu yaşlı adamın hayatındaki muhteşem değişimi kendi gözleriyle göremeyeceğine üzülerek, ancak en azından adamın hayatının son üç ayda düzeldiğini ümit ederek neredeyse araştırmaktan vazgeçecekken... evet, tam o sırada sokakta uyuyan adama rastladı. "Hey yabancı! Nereye bastığına dikkat et. Hayat benim üzerime yeterince bastı, daha fazlasına ihtiyacım yok..."

Sultan bu sesi hemen tanıdı. Bu oydu. Hayatı, verdiği değerli hediyeye rağmen değişmemişti. "Bilge İsmail" diye mırıldandı Sultan. Adam yıldırım çarpmış gibi ayağa fırladı ve sonra dudakları neredeyse Sultan'ın ayakkabılarına değecek şekilde yere kapaklandı. "Haşmetmeap, özür dilerim, kim olduğunuzu anlayamadım..."

"Bilge İsmail, nasıl olur da hâlâ aynı durumda olursun? Neden hayatına çekidüzen vermedin? Cebindeki değerli taşla ne yaptın?!"

Bilge İsmail kendini tutamayıp güldü: "Haşmetmeap, hayal görüyor olmalısınız. Benim cebimde değerli taş ne gezer? Değerli bir taş benim cebime nasıl girebilir? Karımın ölümünden beri dertten başka bir şey bilmedim. Lanetlendim. Yıllardır talih yüzüme gülmedi. Cebimde değerli bir taş mı? Buna imkân yok."

**Mesaj:** Mucizelere inan!

Hayat sürekli cebimize değerli taşlar koyar ama biz onları çakıltaşı sanıp cebimizden çıkarır ve sokağa atarız. Gerçek bir elmasın ulaşılabilir olduğunu hiç düşünmeyiz. Ancak mucizelerin her zaman ve her yerde karşımıza çıkabileceği düşüncesine kendimizi açtığımızda üzerimize yağan fırsatları ve lütufları görebiliriz. Bütün potansiyelimizi küçük hedefleri gerçekleştirmeye çalışarak harcar, aynı enerjiyi büyük hayallere yatırmayı hiç düşünmeyiz. Olasılıklarla ilgili algı sınırlarını genişlettiğinde, çözümün en baştan beri önünde durduğunu görürsün. Sadece nefes al ve daha büyük düşün.

### Seyir Defteri:

1- Başarılı olacağını bilsen hangi fırsatların üzerine giderdin?
2- Senin için büyük düşünmek ne demek?

### Alıştırma: Sihirli düşünce

Bu alıştırmayı çocukluğumuzdan çok iyi biliriz. Kendimizi şartladığımızdan daha büyük bir potansiyeli görmek için zihnimizi açmamıza yardımcı olan bir egzersizdir bu. Sihirli düşünce, sözcüklerin gerçekliği oluşturduğuna inanmaktır. Çocukken nasıl sadece, "Ben prensesim ve sen de beni kulede esir tutan ejderhasın" dediğimizi ve bunu söyler söylemez yaratılması için sadece bir cümle gereken o gerçeklikle davranmaya, konuşmaya ve düşünmeye başladığımızı hatırla. İşte bu aracı kullanarak kendimizi daha büyük hayallere odaklayabiliriz.

Güzel bir çakıltaşı seç ve cebinde taşı. Onu avucuna aldığında kendine, "Bu çakılın aslında bir elmas olduğuna inanıyorum. Herkese çakıltaşı gibi görünebilir ama bana göre bu bir elmas" de. Ve hayatın cebine sürekli elmaslar koyduğu fikrine odaklan.

### Alıntı:

Kalbinde hayallerin bile ötesinde olana da biraz yer ayır.

Mary Oliver

# Joe'nun yeni teknesi

Eski teknesini balık sezonuna hazırlamak için Joe bütün bir ay boyunca çok çalışıp çok yorulmuştu ama işini bitirdiğinde tekne öyle güzel olmuştu ki insan bakmaya doyamıyordu. Dışını parlak kırmızı ve maviye boyamış, içine oturacak yeni bir bank yapmış, gün boyunca balıkları içinde tutacak küçük bir tank eklemiş ve hatta küreklerin üzerini balık ve dalga şeklinde oymalarla süslemişti. Gerçek bir sanat eseriydi.

Sonunda tekneyi suya indirme zamanı gelmişti. Sabahın erken saatleriydi; nehrin üstünde hâlâ biraz sis vardı ama Joe daha fazla bekleyemedi. Tekneyi suya indirdi. Nehir boyunca yavaş yavaş seyrediyordu ki sislerin arasında tam da kendisine doğru gelen, ışıklarını yakmamış başka bir tekne gördü. Joe teknede bir siluet olduğunu seçebildi ve bağırmaya başladı: "Hey. oradaki! Teknenin yö-

nünü değiştir. Üzerime doğru geldiğini görmüyor musun?" Ama cevap gelmedi. Joe hızla yaklaşan gri tekneye doğru daha yüksek sesle bağırdı ama yine teknenin yönü değişmedi ve bir cevap gelmedi. Daha yaklaşınca teknedeki adamın baygın olduğunu görebildi. Sarhoşun tekidir diye düşündü ve korkunç bir öfkeye kapıldı. Hep aynıydı! Bazıları çalışıp çabalarken diğerleri sadece eğlenmeye bakıyor, sarhoş oluyor, sızıyor, sebep olabilecekleri kazaları hesaba katmadan hareket ediyor, emeğe saygı göstermiyorlardı. Joe bunca zamanı çalışıp çabalayarak geçirmişti ve şimdi bütün emeği bu salak teknesinde sızdı diye heba olacaktı!

Tekne daha da yaklaştı. Sızmış adamın üzerinde kahverengi, kaba kumaştan bir giysi olduğunu görebiliyordu. "Biliyordum! Yine o keşişlerden biri!" Joe daha da kızmıştı. Hayatlarını Tanrı'ya ve yüksek amaçlara adamış gibi yapıp aslında tüm zamanlarını şarap içerek ve insanların hayatlarını ve teknelerini tehlikeye atarak geçiren bu adamlara sövüp saymaya başladı. Joe artık öfkeden kendinden geçmişti. İçinde din adamlarına, yoluna çıkan düşüncesiz insanlara, haksızlığa ve bir dolu başka şeye karşı duyduğu bütün öfke patlamıştı. Yavaşça ona doğru gelen tekneyi itmek için küreğiyle hazır bekliyordu. Tekne ters dönerse de dönsündü, umurunda değildi. O sarhoşu nehrin dibine göndermeye hazırdı! Bunu hak etmişti! Ama tekne kürekle vurulacak kadar yaklaştığında Joe teknede eski bir tahıl çuvalından başka bir şey olmadığını fark etti. Büyük olasılıkla akıntı, kıyıda bağlı bir tekneyi sürüklemişti.

Böylece Joe küreğini yere bıraktı. O kadar kızmış, kendini o kadar çok öfkeyle doldurmuştu ki kendini bir kurban gibi hissetmişti. Ve bütün bu öfke aslında nehrin sürüklediği bir çuval tahılaydı.

**Mesaj:** Öfkene kulak ver.

Öfke içinden gelir, dışarıdaki bir şey tarafından üretilmez. Eğer dışarıdaki dünya seni kızdırdıysa sebebi kendini zarardan koruma gücünün farkında olmaman ve arzuladığın değişimi yaratamamandır. Öfke genellikle daha az farkında olduğumuz veya fazla açık olmadığımız diğer duyguları kapsayan bir şemsiye duygudur. Öfkenin altında ne var? Daha dikkatli irdelediğinde öfkenin altında yatan hayal kırıklığı, eziklik veya kırgınlık gibi ikincil duyguları keşfedebiliyor musun? Hangi ihtiyacın karşılanmıyor? Bu duygu sesini duyurmaya, netliğe, ilgiye, saygıya veya güvenliğe ihtiyacın olduğu için mi ortaya çıkıyor? Öfke duygumuza bakarak kendimiz hakkında çok şey öğrenebiliriz.

**Seyir Defteri:**

1- Seni ne çok öfkelendirir?

2- Başka insanlarda en çok neye kızarsın? Öfkenden neler öğrenebilirsin?

**Alıştırma:** Hapsolmuş duyguları açığa çıkarmak

Çocukların bir şeyi istemediklerini göstermek ve fiziksel olarak sınırlarını belirlemek için başvurdukları en güçlü yol tekmedir. Sosyalleşmeyi öğrendikçe bize tekme atmamamız gerektiği söylenir ve bunu yaparsak cezalandırılırız. Böylece 'HAYIR'larımızı bacaklarımızı kullanmadan ifade etmeyi öğreniriz. Patronumuzun zaten işimiz başımızdan aşkınken verdiği yeni görevi güçlü bir tekmeyle reddetmek yerine bacaklarımızı ve dişlerimizi sıkar, gülümser ve patronumuza 'hemen işe koyulacağımızı' söyleriz ama öfke, korku, üzüntü, ifade edilmemiş tüm duygular kaslarımıza kayıtlı olarak kalır. Esneme hareketleriyle kaslarımızdaki gerilimi atmak genellikle sıkışmış duygulardan da kurtulmamızı sağlar. Yogayla, güçlü bir masaj yaptırarak veya kasıldığını hissettiğin yerlere sıkışmış duygularını serbest bırakma niyetiyle kendin masaj yaparak duygularını serbest bırakmayı ve sıkışmış duygulardan arınmayı dene.

### Alıntı:

Öfke bize tam olarak nerede sıkıştığımızı, sınırlarımızın ne olduğunu, hangi inançlara ve korkulara takılıp kaldığımızı gösterir.

Jack Kornfield

# Karı-koca dağa karşı

Bir zamanlar büyük bir dağın eteklerinde küçük bir kulübede yaşayan bir karı-koca varmış. Dağ yüksek ve geniş, gölgesi karanlık ve soğukmuş. Çiftin evi sürekli bir gölge altındaymış. Bahçeleri hiç güneş görmediği için yeşil domatesler ve sönük çiçekler veriyormuş. Dağın zirvesi dört bir yandan bulutları topladığı için rüzgârlar bulutlarla dans etmeye gelmediği sürece çiftin evinin üstüne hep yağmur, kar ve dolu yağıyormuş. Rüzgârlar geldiğindeyse evin çatısı uçacak gibi oluyormuş. Hepsi bu kadar olsa idare edip yaşayıp giderlermiş ama gölge, yağmur ve rüzgârların yanısıra dağın eteklerinden yuvarlanan taşlar da evin çatısında delikler açıyor ve geceleri sık sık dağdaki mağaralarından çıkan hayvanlar aşağı iniyormuş. İkisi kulübelerinin etrafında gezinen vahşi kedilerin soluk alıp verişlerini dinleyerek birbirlerine sıkıca sarılıyorlarmış. Dayanılacak gibi değilmiş. Karı-koca, hayatlarını mahveden bu dağdan kurtulmak için ne yapacaklarını bilmiyormuş. Bu yüzden danışmak için bir bilgenin yanına gitmişler. Bütün dertlerini, gölgeyi, yağmuru, rüzgârı, kayaları ve vahşi hayvanları bir bir anlatmışlar. Bütün anlattıklarını sabırla dinleyen yaşlı adam sonunda yumruğunu masaya vurmuş: "Herhangi birinin dayanabileceğinden daha fazla dayanmışsınız. Yardımımı istemek için bu kadar beklemenize bile şaşırdım. Bu dağ hayatınızı çekilmez hale getirmiş. Bu işe bir dur demek gerek." Karı koca hevesle başlarını sallayarak onaylamışlar. Sonunda çektiklerini anlayan birini bulduklarını düşünmüşler.

"Bu dağı korkutup kaçırmanız gerek. Eve gidin. Elinize gonglar, tencereler, tavalar, gürültü çıkaracak ne varsa alın ve dağın eteklerine gidip bağırın, tencere, tava ve gonglarınızı birbirine vurun, kızgın hayvanlar gibi çığlık atın... Dağ korkacak ve uzaklaşacaktır."

Karı-koca bu kadar basit bir şeyi neden daha önce akıl edemediklerini düşünmüş. Eve gidip talimatları uygulamışlar. Dağı korkutmak için günlerce ellerinden geleni yapmışlar. Ama bir hafta geçmiş, sesleri bağırmaktan kısılmış, dağ yerinden bir santim bile oynamamış.

Gidip başka bir bilgeye akıl danışmaya karar vermişler.

İkinci bilge adam bütün dertlerini, gölgeyi, yağmuru, rüzgârı, kayaları ve vahşi hayvanları ve en son çabalarını dinlemiş.

"Dağı korkutamazsınız. Dağ korkuyu bilmeyecek kadar güçlüdür. Korkunun karşıtı sevgidir. Dağın kalbine hitap etmelisiniz. Ona gidin, adaklar sunun, ona şarkılar söyleyin, kurumuş yerlerini sulayın, üzerine ağaçlar dikin ve sonra ona dertlerinizi anlatın. Anlayıp kendi rızasıyla gidecektir" demiş.

Tabii ya, neden daha önce düşünmedik biz bunu demişler. Eve gitmiş ve ikinci bilgenin talimatlarını uygulamışlar. Haftalar, aylar geçmiş ama dağ kendisine gösterilen ilgiden hoşlanıyor gibi gözükse de hiçbir şey değişmemiş. Yine yağmur ve rüzgâr getirmiş, çatılarına kayalar düşürmüş.

Böylece karı-koca başka bir bilgeye gitmeye karar vermiş. (Yaşadıkları yerde pek çok bilge varmış.)

Üçüncü bilge adam da bütün dertlerini, gölgeyi, yağmuru, rüzgârı, kayaları ve vahşi hayvanları ve en son çabalarını dinlemiş.

"Anlaşılan korku ve sevgiyi zaten denemişsiniz. Görebildiğim kadarıyla geriye bir tek dans kalmış. Dağı hareket ettirme dansını yapmalısınız. Eve gidin, çatınızın ve dolaplarınızın içindeki bütün eşyaları katlayın. Hepsini başınızın üstüne yerleştirin. Sonra dağın karşısına geçin ve bu dansı yapmak için gözlerinizi kapatın. İki adım ileri, dört adım geri giderek dans edeceksiniz. Dağın sizi duyduğunu ve geri çekildiğini hissedene kadar bu şekilde dans edin. Sonra gözlerinizi açın ve evinizi orada yeniden kurun" demiş.

Çift eve gitmiş ve ne korkunun ne de sevginin başaramadığını dansın nasıl başaracağı konusunda biraz merak içinde olsalar da üçüncü yaşlı adamın dediklerini yapmışlar. Evlerini toplayıp eşyalarını almış, dans edip durmuşlar. Gözlerini tekrar açtıklarında dağın geri çekildiğini görmüşler. Artık düşen kayalardan uzakta, güneşli bir yerde duruyorlarmış. Evlerini yeniden kurmuşlar ve çok daha mutlu bir şekilde yaşamışlar.

**Mesaj:** Yürü!

Karanlık bir dağın çok yakınına yerleşmeyerek kendini koruyabilirsin. Etrafındaki doğa şartlarına kızma, sadece iki ayak kuralını düşün. Bu kural der ki: İki ayağın olduğuna göre seni beslemeyen veya sana ihtiyaç duyulmayan bir yerde durman gerekmez. O zaman yürü! Sana zarar verecek şeyden kaçınmak aslında bir sevgi eylemidir. Kendine ve evrene özen göstermenin bir yoludur. Seni besleyen bir ortam bul ve bu sayede gelişimini sürdür.

### Seyir Defteri:

1- Uzaklaşman gereken dağlar neler?

2- Hayatının bu evresinde senin için olumlu ve besleyici bir ortam nasıl olmalı?

### Alıştırma: Ritüel dansı

Dans sayesinde bedenimizle iletişim kurarız ve rasyonel aklın ulaşamadığı bilgilere ulaşırız. Bir durum, proje veya kişinin senin için besleyici olup olmadığından emin değilsen duvara bu durumu temsil eden bir işaret yapıştır ve sonra kendini müziğe kaptırıp içinden geldiği gibi dans et. Kendine sor: Bedenim bu durum, proje veya insan hakkında ne biliyor? Zengin içsel verilere ulaşacaksın.

### Alıntı:

Güç kazanarak gelmez. Çabaların sayesinde güçlü yanların gelişir. Zorluklardan geçtiğinde ve teslim olmamaya karar verdiğinde, işte güç budur.

Gandhi

# Usta ve eleştirmen

Bir hahamın, yüzlerce öğrencisi olan bir okulu varmış. Onun öğretilerini takip eden öğrenciler, akın akın okula gelir; okul öğrenciler dışında da her gün danışmak, şifa bulmak ve kutsanmak için gelen ziyaretçilerle dolup taşarmış. Haham kendini Tanrı'ya adamış biri olarak çok saygı görür, nereye gitse insanlar önünden çekilip ona yol verirmiş. Dükkân sahipleri okuluna her gün bağışlar getiriyormuş. Herkes onu bir aziz olarak görüyormuş. Her gün yaptığı konuşmaları sessiz bir hayranlıkla dinler, sözlerini içer gibi akıllarına yerleştirirlermiş. Biri hariç herkes.

Her gün derslere gelen ama öğretilenlerden hiçbir zaman memnun olmayan, hatta hiç mi hiç etkilenmeyen bir adam varmış. Sürekli öğretmenin sözünü kesip onunla zıtlaşırmış. Hahamın zayıflıklarını bulup gösterir, sınıfa geç gelir, yüksek sesle esner ve dersin fazla uzadığını yüksek sesle söyleyip aklına estiğinde sınıfı terk edermiş. Diğer öğrenciler adamın bu davranışlarına çok şaşırıyormuş ama haham dünyanın bu en can sıkıcı adamına hiç laf etmediği için onlar da aynısını yapmaları gerektiğini düşünüyor, nefret ve öfkelerini bastırmaya çalışıyorlarmış. Bir gün adam hastalanmış ve ölmüş. Bütün öğrenciler görgülü bir şekilde yas tutmaya çalışmış ama aslında çoğu, sonunda ustalarının öğrettiklerini müdahale, şikâyet veya saygısızlıkla bölünmeden dinleyebileceklerini düşünerek rahatlamışlar. Cenaze günü geldiğinde hahamın öğrencisinin ölümüyle büsbütün yıkılmış olduğunu görünce de çok şaşırmışlar. Ömrü boyunca kalbini de, zihnini de açmadığını düşündükleri bu adamın öteki dünyada çekeceklerine mi üzüldüğünü sormuşlar. Ama haham şöyle yanıtlamış: "Neden onun öbür dünyada hayatı için endişeleneyim ki? Bu iyi ruhun sonsuza kadar cennette dinleneceğini biliyorum. Hayır, aslında tamamen kendim için üzülüyorum. Bu adam benim tek arkadaşımdı. Etrafım öğrencilerle ve bana hürmet edenlerle dolu. Benim bütün zayıflıklarımla gören ve her gün daha iyi bir insan olmam için bana meydan okuyan oydu. O gittiği için korkarım artık kendimi de geliştiremeyeceğim."

**Mesaj:** Gerçekten seversen gelişmesini de istersin.

Arkadaşlık ve sevgi bir insanı pasif bir şekilde kabullenmek değildir. O insanı tamamen kucaklamak ve olduğu gibi davranması için desteklemektir. Genellikle yapıcı eleştirilerimizi paylaşmaktan kaçınırız çünkü sevdiğimiz insanların bu eleştirilerde, aslında onlarla gerçek anlamda ilgilendiğimizi göremeyeceğinden korkarız. Ama birini sevmek aynı zamanda onu kendini geliştirmeye zorlama riskini göze almaktır.

### Seyir Defteri:

1- Kendini tutup söylemediğin ama sevdiğin kişilerin gelişimine yardımcı olabilecek düşüncelerin neler?

2- Sevdiğin kişinin, onu eleştirirken aslında ona özen gösterdiğini anlaması için konuyu nasıl açabilirsin?

3- Sevdiğin kişilerden kabul etmekte zorlandığın eleştiriler aldın mı? Bu eleştiriyi yaparken asıl niyetlerinin altında yatan ilgiyi görmeyi deneyebilir misin?

### Alıştırma: Camdan bahçe

Cam bir kavanozda veya yuvarlak bir akvaryumda bir bitki yetiştir. Cam kabın yarısını toprakla doldur ve küçük bir bitki seç. Bu kapta suyun dışarı sızacağı bir delik olmadığı için doğru miktarda su vermeye dikkat etmelisin. Çok verirsen kökleri çürür, az verirsen kurur. Bu alıştırma özen göstermekteki denge hissini canlandıracaktır. Şehir insanları olarak genellikle bitkilerimizi çok sulamaktan öldürürüz. Bu alıştırma, gerekenden bir damla bile fazla değil sadece doğru oranda özen ve ilgi göstermek için sevginin dikkatli bir gözlem gerektirdiğini hatırlatacaktır sana.

### Alıntı:

Eleştiri, yağmur gibi, bir insanı köklerine zarar vermeden besleyecek kadar nazik olmalıdır.

Frank A. Clark

# Çiftçi ve mısır

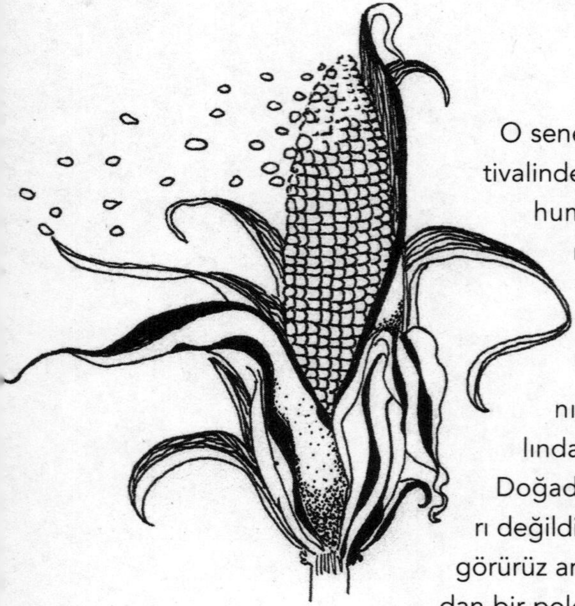

O sene yetiştirdiği mısır tarım festivalinde birinci seçilen bir çiftçi, tohumlarını ülkenin dört bir yanındaki çiftçilere dağıtarak herkesi şaşırttı. Ona neden böyle yaptığını sorduklarında, "Cömert bir davranış gibi görünebilir ama aslında epey bencilce davrandım. Doğada hiçbir şey birbirinden ayrı değildir. Tarlalarımızın sınırlarını biz görürüz ama rüzgâr görmez. Bir tarladan bir poleni alıp diğer tarladaki mısıra taşır. Bu yüzden komşularımın benden daha düşük kalitede mısır yetiştirmesinden ben de zarar görürüm. Ancak etrafımdaki herkesle birlikte olursa en iyi kalitede mısır yetiştirebilirim" diye açıkladı.

**Mesaj:** Hepimiz biriz.

Tıpkı tarlalarda olduğu gibi aramızdaki sınırlar da bir illüzyondur. İnsanlık âlemi olarak birbirimize sandığımızdan çok daha bağlıyız. Bütün yarışlar aslında insanın kendisiyle yarışıdır. Eğer başarılı olmak istiyorsan içinde bulunduğun toplumun gelişimine katkıda bulun. En iyi deneyimlerini paylaş, oyunun seviyesini yükselt. Senden bana, ondan diğerine hepimizin arasında polenler sürekli uçuşmakta. Eğer çevreni beslersen etrafın gelişip büyüyen bir toplulukla çevrelenir ve sen de beslenirsin.

### Seyir Defteri:

İçinde bulunduğun toplulukla yaptığın fikir alışverişlerini düşün.

1- Sana kim ilham veriyor?

2- Sen başkalarına nasıl ilham veriyorsun?

### Alıştırma: Tohum bombaları

Mahallenin terk edilmiş köşelerine yeşilliği ve çiçekleri geri getirmek için yabani çiçek tohumu bombaları hazırla ve etrafa at. Bunun için 5 ölçü kile 1 ölçü gübre ve 1 ölçü tohum karıştır. Biraz su ekle ve kuruduğunda güneş ve yağmurun güzellikler yaratmasını istediğin yerlere atacağın küçük bombalara dönüşecek toplar hazırla.

### Alıntı:

Yaratıcılık bulaşıcıdır, bulaştırın.

Albert Einstein

# Domuz

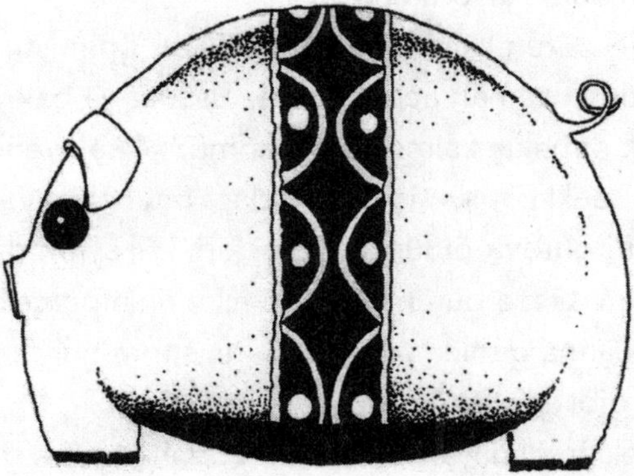

Bir hafta süren meditasyondan sonra guru öğrencilerini yanına çağırdı. Bu meditasyonda iki vizyon görmüştü ve ikisinin de mesajı iyi haber değildi. Öğrenciler ustayı dinlemek üzere toplandılar.

"Öncelikle tam bir hafta içinde öleceğimi gördüm."

Öğrenciler şoke olmuşlardı, bunu hiç beklemiyorlardı. Ustalarının sağlığı gayet yerinde görünüyordu. Guruları bu dünyadan göçerse aşrama ve kendilerine ne olacaktı?

"En kötü haber bu değil" diye devam etti usta. Öğrenciler panikteydi; daha kötü ne olabilirdi ki?

"Bir domuz olarak yeniden dünyaya geleceğimi gördüm." Usta uzun bir süre sessizce durup öğrencilerine baktıktan sonra nihayet konuştu: "Bir domuz olmak istemiyorum. Ama ne yazık ki beni bekleyen kaderin bu olduğundan eminim. Pudah köyünün en büyük çiftliğinde doğacağım. Doğacak üçüncü domuz ben olacağım. Burnumun üzerinde kahverengi bir leke olacak. Sizden bu köye gitmenizi, bir domuz olarak yeniden doğan beni bulmanızı ve öldürüp özgürlüğüme kavuşturmanızı istiyorum."

Öğrencilerine bütün bunlar çok ani ve ağır gelmişti. Ağızları bir karış açık, gözleri kocaman açılmış halde ustalarına bakıyorlardı. Ustaları onları terk etmekle kalmayıp bir domuz olarak yeniden dünyaya gelecekti ve sanki bir gün için bu kadar kötü haber yetmezmiş gibi içlerinden biri guruyu öldürmek gibi kirli bir eylemde bulunmak zorunda kalacaktı. Gece bütün bunların hiçbirinin gerçekleşmemesini umarak yataklarına gittiler. Ama bir hafta sonra guru tıpkı kehanetinde söylediği gibi aniden öldü.

Başka seçenekleri olmayan öğrenciler Pudah köyüne gittiler ve aynen gurunun kehanetindeki gibi en büyük çiftlikte o gece doğum yapmak üzere olan bir domuz olduğunu öğrendiler. Durumu açıklayınca çiftçi ustalarının doğumuna kadar orada kalmalarına izin verdi. Öğrenciler sıcak ahırda uzun bir süre doğumu bekledikten sonra teker teker uyuklamaya başladılar. Uyandıklarında domuz, çamurun içinde enerjik bir şekilde koşturan ve samanların arasında yuvarlanan dokuz tane yavru doğurmuştu bile. Birkaçı annelerini emiyor, diğerleri birbirleriyle oynayıp neşeli sesler çıkarıyorlardı. Öğrenciler paniğe kapıldılar. Doğum sırasına bakarak ustalarını tanıma fırsatını kaçırmışlardı. Ama sonra ustalarının onlara burnunun üzerinde olacak lekeden bahsettiğini hatırladılar. Bütün domuzlar çamurda yuvarlanıyordu. Her birini yakalayıp yıkamak ve burnunu kontrol etmek uzun zaman almıştı. Sonunda aradıkları yavruyu buldular. İçlerinden en kirlisiydi. Annesini emiyor, çamurda oynuyor ve samanların arasında yuvarlanıyordu. Onu yıkadıklarında gurunun bahsettiği leke ortaya çıkmıştı. En büyük öğrenci büyük bir ciddiyetle domuz yavrusunu öldürmeye hazırlanıyordu ki tam o sırada yavru cılız bir viyaklamayla –ki tuhaf bir şekilde gurunun sesini andırıyordu viyaklaması– öğrenciye yalvardı: "Lütfen beni öldürme. Bir domuz olmanın bu kadar eğlenceli olabileceğini bilmiyordum."

**Mesaj:** İçinde bir evren var.

Sen, deneyimlediğinden çok daha fazlasısın. Sende mevcut bütün farklı 'senlerin' hepsini kucaklamaya istekli olmadığın sürece kendi hapishanende mahkûm kalırsın. Kültürel ve sosyal konumunun indirgeyici tanımlamalarını kabullendiğinde kendini olduğundan daha küçük bir hale getirirsin ve esnekliğin azalır. İçinde bir potansiyeller evreni var. Şu an yaşadığın hayat seçebileceğin ve bütünlük içinde yaşayabileceğin pek çok yoldan sadece biri. Kendini olduğundan daha küçük görme.

**Seyir Defteri:**

Hayatının bir noktasında yapmaktan hoşlanacağın 50 mesleği seç, bir liste yap. Her birini yazarken kendini gerçekten bu işi yapıyormuş gibi gözünde canlandır. Her birinde hangi yönlerin daha fazla ve daha az etkin rol oynuyor? Seçilmemiş bu yolların her biri yine de senin birer parçan. Onların, dünya üzerindeki deneyiminin küçük ama önemli birer parçası olarak kendilerini gerçekleştirdiklerine tanık olabilirsin.

**Alıştırma:** Bir günlüğüne iş değiştir.

Bir "zaman bankası" (örneğin Zumbara) veya gönüllü hizmet vereceğin birileriyle iletişime geç. Mevcut işinden çok farklı bir mesleği denemek için zaman ayır. Ellerini kullanacağın bir iş yapabilir, normalde ofiste, bilgisayar başında çalışan biriysen dışarıda yapılan, başka bir iş ya da hizmet alanını deneyimleyebilirsin. Bu alıştırmayı ciddiyetle ve profesyonel bir şekilde yap. Bu, kendini hayatının içindeki olasılıklar evrenine açmanın bir yoludur.

**Alıntı:**

Bazen yıldızların altında tek başıma oturur
Ve kalbimdeki galaksileri düşünürüm
Gerçekten merak ederim,
Acaba bir gün biri bu var oluşuma bir anlam verebilecek mi diye.

Testy McTesterson

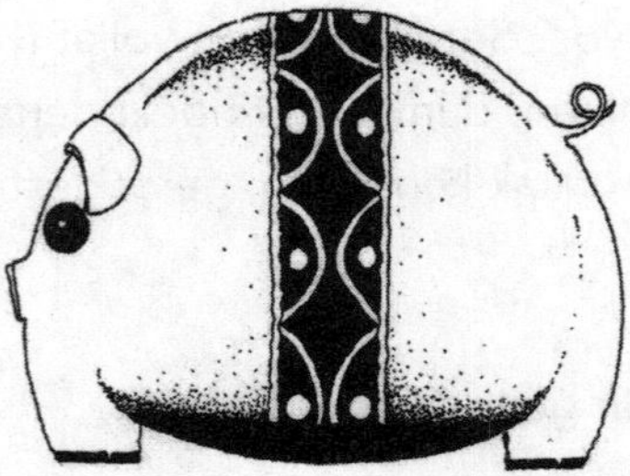

# Gece iz sürmek

Lise, çayırda bütün gün boyunca sürüsüne göz kulak olup bir yandan da yün eğirmiş. Hava kararmaya başladığında tepenin öteki tarafındaki köyüne dönmeye hazırlanıyorken birden tuhaf bir soluk sesi duymuş ve arkasında bir şeyin varlığını hissetmiş. Tüyleri diken diken olmuş. Korkuyla arkasına hızlı bir bakış atmış. Bir de ne görsün? Ona bakan iki parlak göz varmış! Bir yaratık!

Elindeki işi yere fırlatıp koşmaya başlamış. Önce ormanda izini kaybettirmeyi umarak tepeye doğru koşmuş ama peşinden onun da koştuğunu duyabiliyormuş. Elbisesi dallara takılıp onu yavaşlatıyormuş. Yaratığın arkasında dalları kırdığını duyuyor, nefesini neredeyse ensesinde hissediyormuş. Çabucak başındaki mavi kurdeleyi çözmüş ve arkasına bırakmış. Kurdele gürül gürül akan bir nehre dönüşüvermiş. Ardına bakmadan yönünü değiştirmiş ve köye doğru koşmaya başlamış. Peşindeki yaratığın nehri geçmeye çalışırken çıkardığı şıpırtıları duyuyormuş. Yaratık bir kez daha yaklaşmaya başlamış. Tepeden aşağıda evleri görebiliyormuş; bir ulaşabilse kurtulacakmış ama hâlâ çok uzaktalarmış ve şimdi ağaçların koruması olmaksızın açık arazide koşuyormuş. Saçındaki tokayı çıkarmış ve arkasına atmış. Toka bir ağaçlığa dönüşerek yaratığın yolunu engellemiş veya en azından Lise onu köye ulaşmasını sağlayacak kadar yavaşlatmasını umuyormuş. Şimdi köyün ilk evlerini net bir şekilde seçebiliyormuş ama yaratık ağaçların arasından kurtulmuş; yine peşindeymiş.

Köye o kadar yakınmış ki artık vazgeçemezmiş. Bu kez şalını yere atmış ve Lise kızıl bir tilkiye dönüşüp eve doğru hızla koşmaya başlamış. Yaratık tam onu yakalamak üzereyken kapının eşiğine ulaşmış ve kapının açıldığını görünce evin içine atlayıp, yere düşüp bayılmış.

Ertesi sabah başucunda çiçeklerle beyaz çarşaflı bir yatakta, bu küçük evde uyanmış. Başını kaldırdığında üç genç ve yakışıklı kardeşin onu seyrederek uyanmasını beklediklerini görmüş. Önceki geceki kovalamacayı hatırlamış ve onları uyarmak istemiş. "Bir yaratık vardı! Ormandan evinize kadar beni kovaladı. Onu gördünüz mü? Yakalayabildiniz mi?"

Kardeşlerin en büyüğü yanına yaklaşmış: "Yaratık falan yoktu, o bendim. Arkandan koştum çünkü sana âşık oldum ve seni evimize davet etmek istedim. Özür dilerim, seni korkutmak istememiştim. Aşktan bu kadar mı korkuyorsun ki beni bir yaratık olarak gördün?"

**Mesaj:** İncinmeye açık ol.

Aşkı arıyor gibi yaptığımızda bile ondan kaçarız. Hiçbir şey hayallerimizin gerçekleşmesinden daha korkutucu değildir. Aşkı gerçekten hissetmek için kalbimizi açmalı ve incinebilir olmalıyız. Bu korkutucu olduğu için aşktan kaçışımıza bahane olarak hikâyeler yaratırız. Şimdi kalbinin arzularına uyarak kendini riske açma ve sonuçlarıyla karşılaşmaya hazır olma zamanı.

### Seyir Defteri:

1- Yakın ilişkilerimde kendimi nasıl daha incitilebilir hale getirebilirim?

2- Dünyayı olduğu haliyle sevmek üzere kalbimi açacak kadar güvenmem için ne gerekiyor?

### Alıştırma: Kalp açıcı

Ne zaman kalbinin korkuyla kapandığını hissedersen ayağa kalk, kollarını iki yana iyice aç, sanki güneşe aldığın bir madalyayı göstermek istiyormuşçasına göğüs kemiklerini yukarıya yönelt ve beş kez derin nefes al. Ve tekrarla: Dünyayı olduğu gibi sevmek için kalbimi açıyorum.

### Alıntı:

Yağmuru seviyorum diyorsun
Yağmur yağınca şemsiyeni açıyorsun...
Güneşi seviyorum diyorsun
Güneş açınca gölgeye kaçıyorsun...
Rüzgârı seviyorum diyorsun
Rüzgâr çıkınca pencereni kapatıyorsun...
İşte, beni sevdiğini söylediğinde
Bunun için korkuyorum.

Anonim

# Mağaradan bir ders

En kısa sürede aydınlanmaya ulaşmak isteyen bir öğrenci meditasyon yapmak için bir mağarada inzivaya çekilmeye karar vermiş. Ustası, bu kararını tek bir şartla onaylayacağını söylemiş. Şartı öğrencisinin ayda bir kez ilerlemesiyle ilgili bir not göndermesiymiş. Bir ay sonra öğrenci şöyle bir not göndermiş: "Kalbimin bin yapraklı bir çiçek gibi açıldığını hissettim." Usta "Hımm" diye mırıldanmış ve notu buruşturup çöp kutusuna atmış.

Bir ay sonraki notta şöyle yazıyormuş: "Kalbim artık bana ait değil. Göğsümde atan şey içimde var olan evrenin kalbinin küçük bir parçası." Usta yine etkilenmemiş ve hatta biraz da hayal kırıklığına uğramış. Not yine çöpü boylamış.

Ertesi ay notta şöyle yazıyormuş: "Evren bana birlik dalgaları yolluyor. Bedensel kabuğumdan çıktım ve yıldızlara seyahat ettim." Usta hiç mi hiç etkilenmemiş. Bundan sonra gelen notların tümü tıpkı ilki gibi ustanın hayal kırıklığıyla çöpü boylamış. Bir tanesinde, "Evren benim aracılığımla benimle konuşuyor" yazıyormuş. Diğerinde, "Her şey bir, hem bir zerre hem de yaratıcıyım" diyormuş. Bu notlar da diğerlerini takip edip çöpü boylarken giderek ustanın sabrını tüketmeye başlamışlar. Ta ki öğrenci vakti geldiği halde hiçbir not göndermeyene kadar. Ertesi ay da not gelmeyince usta öğrencisine bir hatırlatma gönderip aylık yazılı raporunu sormuş. Cevap olarak gelen notta şöyle yazıyormuş: "Kimin umurunda?"

"Sonunda!" diye bağırmış guru, "Sonunda anladı!"

**Mesaj:** Çabalama!

Yıkmaya çalıştığın duvarlar, aşmaya çalıştığın sınırlar aslında hiç var olmamış olabilir mi? Bazen ilerleme daha fazla çabayla olmaz. Bazen gereken, çabalamaktan vazgeçmektir. Bunu deneyimlemeye hazır mısın?

**Seyir Defteri:**

1- İlerleyişinde sana yük olan çabaların neler?

2- Daha fazla özgürlük kazanmak için nelerden vazgeçersin?

3- Senin durumunda "çabalamayı bırakmak" ne anlama geliyor olabilir?

**Alıştırma:** Mola ver.

Gün içinde sık yaşadığın bir eylemi seç: Telefonu eline almak, e-postanı kontrol etmek, tuvalete gitmek, ibadet için hazırlanmak... Ve her gün normalde bu eylemi gerçekleştirdiğin sırada uğraşına bir dakikalık mola ver. Derin bir nefes al ve kendine hatırlat: "Kendimden hoşnudum ve her şey olması gerektiği gibi. Şu yaşadığım an tümüyle tatmin edici ve tam olması gerektiği gibi."

## Alıntı:

En derin korkumuz yetersizlik değildir. En derin korkumuz haddinden fazla güce sahip olmaktır. Bizi en çok korkutan karanlığımız değil ışığımızdır. Kendimize sorarız; "Ben kimim ki zeki, muhteşem, yetenekli, şahane olayım?" Aslında sen olmayacaksın da kim olacak? Sen Tanrı'nın çocuğusun. Küçük oynamanın dünyaya bir yararı yok.

Marienne Williamson

# Doğru zamanı bekle

Bir zamanlar Şam'da bir tüccar varmış. Bu tüccarın Allah tarafından kutsandığı söylenirmiş. Her yaptığı işte varlığı ikiye katlanırmış. Seyahatleri sırasında mükemmel parçalar bulur ve bunları satarak servetini ikiye katlarmış. Diğer tüccarları etkileyen kazalar, hırsızlıklar, kasırgalar sanki bu tüccarın gemilerine ve kervanlarına dokunmazmış. Bütün Ortadoğu'da kalbi neşeyle dolu bir adam olarak bilinirmiş. Büyük şehirlerin her birindeki evlerinde her gün yüzlerce dilenciye yemek verilirmiş. Okullar, hastaneler yaparmış ama serveti azalmak bir yana daha da artıp öyle bir noktaya gelmiş ki Kordoba adıyla bilinen Batı'nın Kralı'na bile yardım elini uzatmış.

Sonra birdenbire ve görünürde hiçbir sebep yokken talihi ters dönmüş. Kervanlarına hırsızlar saldırmış, yüklü gemileri batmış, işgalci ordular evlerini yağmalamış. Tüccar kısa süre içinde servetini kaybedip kendini borç içinde bulmuş. Elinde kalan azıcık sermayesini de alıp arkadaşı Kordoba Sultanı'nın yardım ve korumasını istemek için yola çıkmaya karar vermiş. Ancak katıldığı kafile tam büyük bir çöle girecekken hırsızların saldırısına uğramasın mı! Uzun süren çatışmalardan sonra kendinden geçmiş, uyandığında çölde tek başınaymış. Hırsızlar geride sadece bir matara su, biraz ekmek ve birkaç hurma bırakmış. Tüccar tek başına uzun bir yolculuğa başlamış. Aylarca süren zorlu bir yolculuktan sonra nihayet Batı'nın Kralı'nın sarayına ulaşmış. Oraya vardığında artık kurtulduğunu düşünüyormuş ama güneşten yanmış yüzü, yırtılmış giysileriyle görüntüsü o kadar sefilmiş ki kralın karşısına bir dakikalığına çıkmak üzere başvurması bile aylar almış. Kralın takdimcisi, huzura çıkmak istiyorsa kendisine düzgün kıyafetler almasını söylemiş. Bu yüzden tüccar aylarca ağır işlerde çalışmış. Sonunda huzuruna çıkarıldığında Sultan onu hemen tanımış. Onu onur konuğu olarak ağırlayıp hikâyesini anlatmasını istemiş. Anlattıklarını dikkatle dinledikten sonra haznedara dönüp emir vermiş: "Bu adama iki yüz koyun verin. Krallığın çayırlarında onları gütsün, kraliyet çobanı olsun." Bunu duyan tüccar hayal kırıklığını saklamaya çalışmış. Bu armağan onu bulunduğu konumdan çok daha iyi bir yere getiriyormuş ama aslında umduğu Sultan'ın ona bir tüccar olarak eski konumunu vermesiymiş. Yine de Sultan'a çok teşekkür etmiş ve buruk bir kalple çayırlara gitmiş.

Yeni görevinde daha bir haftadır çalışıyormuş ki bir salgın hastalık koyunları vurmuş ve hepsi ölmüş. Utanç içinde saraya dönüp bir kez daha Sultan'a kör talihini anlatmış. Sultan dinlemiş ve haznedardan arkadaşına yüz koyun daha vermesini istemiş ve onu yine çayırlara göndermiş.

Daha bir ay bile geçmeden bir hırsız çetesi gelip gecenin karanlığında bütün sürüsünü çalmış. Bir kez daha Sultan'a hikâyesini anlatmış ve o da tüccara elli koyun verilmesini emretmiş.

Bu kez de üst üste birkaç gece vahşi hayvanlar saldırmasın mı! Bir kez daha bütün sürüsünü kaybetmiş. Bunu duyan Sultan kör talihinden dolayı utanç içinde olan tüccara yirmi koyun verilmesini emretmiş.

Yirmi koyunu çayıra götüren tüccar için bu kez durum farklıymış. Birkaç hafta içinde dişi koyunları ikiz doğurmuş. Yavruların hepsi semirip güçlenmiş ve kısa süre içinde pazarda epey değer kazanan yumuşacık, beyaz yünler vermeye başlamışlar. Şişman koyunlarından birini daha zayıf üç yavru koyun karşılığında satmış ve bir ay içinde yeni koyunları diğer koyunları gibi sağlıklı hale gelmiş. Böylece alıp satarak sürüsünü katlayarak büyütmüş. Yılsonuna doğru çayırdan başı dik bir şekilde dönebilmiş. Güzel işlemeleri olan yün bir palto giyerek Sultan'a yıllık raporunu vermeye gitmiş.

Arkadaşının iyi bir yıl geçirdiğini öğrenen Sultan şöyle buyurmuş: "Bu şehrin kuzeyinde Sevilion adında küçük, zengin bir eyalet var. Seni bu eyaletin kralı ilan ediyorum."

Bunu duyan tüccarın kalbi kendisine böyle yüksek bir görev verilmesiyle yerinden çıkacak gibi olmuş. Ama yine de kendine hâkim olamayıp, "Neden bu cömertliğini seni ilk görmeye geldiğimde göstermedin? Bana bu armağanı vermeden önce sabrımı mı sınamak istedin?" diye sormuş.

"Hayır arkadaşım. Sadece bütün girişimler için doğru zamanı beklemek gerektiğini öğrendim. Hayatın rüzgârına karşı yürümek iyi değildir. İlk geldiğinde sana bu krallığı verseydim herhalde bu varlıklı şehirde tek bir taş bile kalmamış olurdu. Her şeyin bir mevsimi vardır. Çayırlarda gezdiğin sırada edindiğin bu derse sahip çık ve hayatının yeni mevsiminin tadını çıkarmaya hazırlan."

**Mesaj:** Mevsimlere göre yaşa.

Meyveyi koparmadan önce olgunlaşmasını bekleyebilir misin? Modern toplumlarımızda görünüşte mevsimlerden kopuk hayatlar yaşıyoruz. Klimalı iç mekânlar, ithal meyveler, yıl boyunca satın alabildiğimiz domatesler bize hayatımızı mevsimlerin yönetmediği hissini veriyor. Ama gerçek değişmez. Mevsimi dışında domates yetiştirmek için fazladan enerji, kimyasal gübreler gerekir ve sonuçta ortaya mevsimindeki domatesin en doğal biçimde verebildiği lezzet patlamasını uzaktan çağrıştıran tatsız, kırmızı bir top çıkar. İşte, hayatımızda da yapmak istediklerimiz konusunda içimizdeki hava durumunu kontrol etmeden sonuç almaya çalışırsak böyle olur. Sezgilerine sor, acaba yapmak istediklerin için mevsim doğru mu. Zihninin ve ruhunun bu yeni tohuma ev sahipliği yapmak için biraz daha büyümeye ihtiyacı olup olmadığını kontrol et.

**Seyir Defteri:**

1- Yapmak istediklerin için doğru zaman olduğunu hangi işaretlere bakarak anlarsın?

2- Doğru zamanın gelmesini bekleyen hangi projelerin var?

3- Yukarıda listelediğin projeler için doğru zamanı belirlemek üzere hangi stratejileri kullanabilirsin?

**Alıştırma:** Mevsiminde ye.

Hayatın döngüleriyle yeniden bağ kurabilmenin yollarından biri tabağından geçer. Yaşadığın bölgede yılın bu mevsiminde doğal olarak hangi sebze ve meyveler yetişiyor? Sevdiğin tarifleri hazırlamak için mevsim ürünlerini araştır. Her mevsimde yetişen ürünleri gösteren bir posteri mutfağına asabilirsin.

**Alıntı:**

Her şeyin zamanı, ve gökler altında her işin vakti var;
Doğmanın vakti var, ve ölmenin vakti var;
Dikimin vakti var, ve dikilmiş olanı sökmenin vakti var;
Öldürmenin vakti var, ve şifa vermenin vakti var;
Yıkmanın vakti var, ve bina etmenin vakti var;
Ağlamanın vakti var, ve gülmenin vakti var;
Dövünmenin vakti var, ve oynamanın vakti var;
Taşları atmanın vakti var, ve taşları devşirmenin vakti var;
Kucaklaşmanın vakti var, ve kucaklaşmadan çekinmenin vakti var;
Aramanın vakti var, ve yitirmenin vakti var;
Saklamanın vakti var, ve atmanın vakti var;
Yırtmanın vakti var, ve dikiş dikmenin vakti var;
Susmanın vakti var, ve söylemenin vakti var;
Sevmenin vakti var, ve nefret etmenin vakti var;
Cengin vakti var, ve barışmanın vakti var.

Kral Süleyman, Zebur

# Kaşıklar

Adam, hepimizin hayatımızın bir noktasında geldiği bir kavşakta duruyormuş. Hangi yola gireceği konusunda kendisiyle münakaşa halindeymiş. Yollardan biri, etrafındaki bütün insanların faydasına olacağını çok iyi bildiği bir yolmuş. O yolu biliyormuş; yıllardır o yolda yürüyormuş zaten. Manzarası güzel sayılırmış ama diğer yolun manzarasıyla kıyaslanamazmış. Evet, diğer yol hiç denemediği tatlarla, daha önce hiç aklına gelmeyen bireysel imkânlarla dolu gibi görünüyormuş. Tamam, başkalarının işine yarayacak fazla bir şey sunmuyormuş bu yol ama kendisi için sonunda daha kolay bir hayata olanak tanıyan tek şansmış. Hem zaten yeterince uzun beklememiş mi? Bir kez olsun diğer yolu seçmekte haklı değil miymiş? Yeterince paylaşmamış, yardım etmemiş, öğretmemiş, desteklememiş mi? O kadar uzun bir süre kararsız bir şekilde orada dikilmiş ki sonunda kişisel meleği omzundan inip yardım teklif etmiş.

"Yolun sonunda ne olacağını bilebilsem ilk adımlarımı daha güvenle atabilirdim."

"Madem bunu istiyorsun, sana göstereceğim. Şu anda sana çok çekici gelen yolun sonunda ne olduğunu göstermek için seni cehenneme götüreceğim."

Adam kendini bir anda cehennemde bulmuş. Hakkında okuduğu hiçbir tarife uymadığını görerek şaşırmış. Ne kaynayan kazanlar, ne ateşler ne de çığlıklar atan ruhlara işkence eden zebaniler varmış. Cehennemdeki tek şey, hayatında gördüğü en iştah açıcı ve lezzetli yiyeceklerle dolu devasa bir masanın bulunduğu güzel döşenmiş bir ziyafet salonuymuş. Kuş sütü bile eksik değilmiş. Elmalı turtalar, kızarmış etler, çikolata şelaleleri, her renkte muhallebiler, dumanı üstünde ekmekler... Kokular başını döndürüyor, ağzını sulandırıyormuş. Masanın etrafında insanlar varmış. Dirseklerini ve bellerini bükemiyor olmaları dışında herkesten bir farkları yokmuş. Her birinin elinde kısa saplı birer kaşık varmış. Kaşıkları doldurup ağızlarına götürmeye çalışıyorlarmış ama dirseklerini bükemedikleri için beceremiyorlarmış. Bu yüzden hepsi sonsuz bir zevk ziyafeti karşısında aç ve işkence içinde oturuyormuş. Sızlanmaları ve iç çekişleri cehennemde yankılanıyormuş.

Bunu gören adam meleğe diğer yolun nereye gittiğini göstermesini istemiş. Ve bir anda kendini cennette bulmuş. Orada da ne arp çalınıyor ne yumuşak bulutlar uçuşuyor ne de kanatlı melekler dolaşıyormuş. Görüp görebildiği tek şey aynı lezzetlerle donatılmış o masanın bulunduğu aynı ziyafet salonuymuş. Ve dirseklerini kıramayan çok sayıda insan masanın etrafında ellerinde küçük kaşıklarla duruyormuş. Ancak cennette arkadaşça kahkahalar ve tok bir kalabalığın rahat gülüşmeleri yankılanıyormuş çünkü kendi ağızlarına ulaşmaya çalışmak yerine masanın etrafındaki insanlar kaşıklarını birbirlerini beslemek için kullanıyorlarmış.

Adam birden kendini yine kavşakta bulmuş. Derin bir nefes almış ve gideceği yolu seçmiş.

**Mesaj:** Bu yol nereye gidiyor?

Her kavşakta kendine sor: Bu yol nereye gidiyor? Genellikle eylemlerimizin kendi hayatımızda kısa veya uzun vadeli sonuçları olacağını düşünürüz ama ya eylemlerimizin dünyaya etkilerini düşünseydik ne olurdu? Ya toplumumuza yayacağımız enerjinin niteliğini düşünseydik, ne olurdu? Başka bir dünya mümkün, ama ancak hepimiz her adımla buna katkı yapmaya çalışırsak mümkün olacak. Daha üst bilinçteki bir sen yaratmak için uygun yol hangisi?

### Seyir Defteri:

1- Hayatındaki bir kavşak noktasını hatırla. Doğru yolu bulmanda ne belirleyici oldu?

2- Kendi cennetini anlat. Cennetin nasıl bir yer olabileceğiyle ilgili hayallerini serbestçe yazmak için kendine beş dakika ver.

**Alıştırma:** Farklı bir yol seç.

İşe, alışverişe veya çocuğunun okuluna giderken hep aynı yolu mu kullanıyorsun? Farklı bir yoldan gitmeye veya farklı bir ulaşım aracı kullanmaya ne dersin? İşe giderken bisiklet kullan; otobüsten iki durak erken inip yürü; eve giderken uzun yoldan git. Neler fark ettin? Neler sana farklı geldi? Bu yeni yolda neler öğrenebilirsin?

### Alıntı:

İşte bir feryatla haykırıyorum
Çağlar ve çağlar ötesine
Ormanda yol ikiye ayrıldı
Ve ben daha az yürünenine saptım
Ve bütün olanlar da bu yüzden oldu.

Robert Frost, Gidilmeyen Yol (Erdal Ceyhan çevirisiyle)

# İlk ayakkabı

İnsanların çıplak ayakla gezdiği zamanlarda, daha ilk ayakkabı icat olmamışken, sudan ve banyo yapmaktan nefret eden bir Sultan yaşarmış. On yaşındayken bir daha hiç yıkanmamaya karar vermiş ve sözü kanun olduğu için isteği yerine getirilmiş. İnsan hayatta her şeye alışırmış. Böylece teninin ve kafasının kaşınmasına alışmış, başının etrafında uçuşan sinekleri eşlikçisi gibi görmeye başlamış ve insanlar da onun bulunduğu ortamlardaki keskin kokuya alışmışlar. Sultan bir gün, 18. yaş gününde nehirde bir banyo yapmaya karar verdiğini söyleyerek herkesi şaşırtmış. Bir daha banyo yapacağından umudu kesmiş olan danışmanları ve bunca zamandır onu yıkanmaya ikna etmek için sebepler öne sürmekten yorulmuş doktorları bir yorum yapamayacak kadar şaşkınmış.

O gün geldiğinde Sultan büyük bir törenle nehre sokulmuş ve yar-

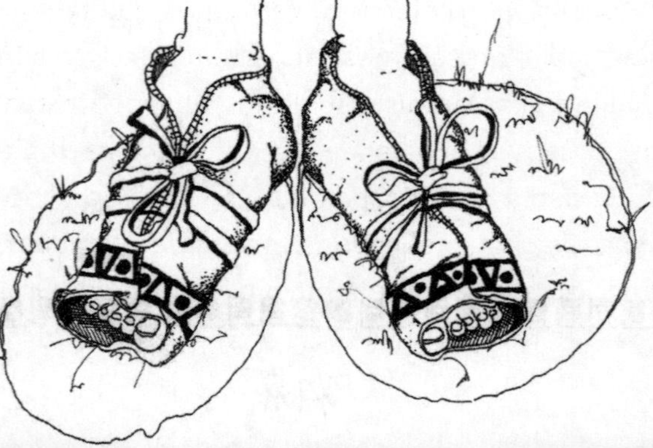

dımcıları vücudunu ovmuş, saçını kil ve çiçeklerle yıkamış, kokulu yağlarla vücuduna masajlar yapmışlar. Vücudu rahatlığın ne demek olduğunu unutmuş olan Sultan kendini yeniden doğmuş gibi, uzun zamandır hiç olmadığı kadar mutlu hissetmiş. Nehirde çıplak bir şekilde dikilirken birdenbire, o günden sonra vücudunu tertemiz tutacağını ilan etmiş. Bu sözleri Sultan'ın banyosunu seyretmek için kıyıda dizilmiş danışmanları tarafından alkışlarla karşılanmış. Sultan tekrar kıyıya çıktığında ıslak ayağı toprağa değip çamurlanmış. "Çamur! Pis çamur, ayağım topraklandı, yine yıkanmalıyım" diye bağırmış ve yardımcıları onu hemen yine nehre sokup ayağını yıkamışlar.

Sultan bir kez daha kıyıya çıkmış ve ayağı yine çamurlanınca bir kez daha yıkanması gerekmiş. Danışmanları bir çözüm aramışlar. Sultan yere basmadan nehirden nasıl çıkabilirmiş acaba? İçlerinden biri kıyıdan saraya kadar kırmızı bir halı döşemeyi önermiş. Böylece Sultan ayakları kirlenmeden saraya dönebilmiş.

Ertesi gün Sultan saray bahçelerini gezmeye karar vermiş. Yardımcıları, bahçeleri büyük halılarla kaplamak için koşturmuş. Sultan bahçelerde geçirdiği günden o kadar memnun kalmış ki sarayın etrafındaki tarlaları ve ormanları da dolaşmaya karar vermiş. Yardımcıları Sultan'ın asil ayaklarını pislikten korumak için değerli halıları bahçelere, tarlalara ve ormanlara sermek için koşturup durmuşlar. Bu gezintiler günlerce devam etmiş. Sultan'ın gitmek istediği her yere halıların serilmesi gerektiğinden kısa süre içinde bütün ülke halılarla kaplanmış. Bitkilerin yetişeceği veya hayvanların otlayacağı tek bir yer bile kalmamış. Çiftçiler şikâyet etmeye başlamış. Sultan'ın danışmanları tarlaları bu ağır halılarla kaplamanın, bütün ülkenin ihtiyacı olan ekinlerin yetiştirilmesini olanaksız kıldığının farkındaymış. Sultan'ın bu yeni huyu ülkeyi kıtlığa sürükleyebilirmiş ama ona karşı gelmek son derece zormuş.

Bütün danışmanlar bu soruna bir çözüm bulmaya çalışırken Sultan bir köyü geziyormuş. Köyün sokaklarında dolaşırken yanına yaşlı bir kadın gelmiş. Sultan'ın önünde diz çöküp Sultan'ın ayaklarının altındaki halıyı iki daire şeklinde kesmiş. Sultan'ın bir şey söylemesine, baş muhafızın araya girmesine fırsat kalmadan kestiği halı parçalarını dantellerle Sultan'ın ayağına bağlamış. Sultan önce şaşırmış sonra nereye giderse gitsin ayaklarının çamurdan korunduğunu görerek sevinmiş. Bu zekice buluş sayesinde Sultan'ın ayakları temiz kalmış ve tarlalar yeniden ekin yetiştirmek için kullanılmaya başlanmış. İşte ilk çift ayakkabı böyle bulunmuş.

**Mesaj:** Kalkanlarını indir.

Bazen bir rahatsızlıktan kaçınmak için hayatın her alanına kısıtlayan kurallar koyar veya yaşantımızda yasak bölgeler yaratırız. Korku yüzünden bir konudan, yerden, insandan veya deneyimden kaçınabiliriz. Kendini aşırı mı koruyorsun? Kendini güvende hissedeceğin kadar koruyup aynı zamanda yeni deneyimler, yaratıcılık ve özgürlük için yeterince alan bırakabilir misin? Kalkanını biraz indirdiğinde kendini daha özgür hissedebilirsin.

## Seyir Defteri:

Bu cümleyi aklına gelen tüm olası ifadelerle tamamla:

"Asla... yapmam çünkü..."

Bırak cümleler birbiri ardına gelsin. Bir cümleyi bitirir bitirmez diğerini yaz. Tekrar okumak, analiz etmek veya kendini yargılamak için durma. Bırak aksın. Alt benliklerimiz bizi çeşitli zararlardan korumak için çok sayıda sınırlama yaratır. Bu mekanizma her ne kadar sağlıklı bir korumacılıktan kaynaklansa da çoğu artık gerekli değildir ve şimdi bizi özgürlüğümüzden ve yücelmekten koruyor olabilirler. Listeni bitirdikten sonra bir kez daha oku ve seni en derinden etkileyen beş cümlenin altını çiz. Her biri için şu soruları cevapla:

Bu sınır neden yaratılmış?
Benliğin seni neden korumaya çalışıyor?
Bu koruma bugün hâlâ gerekli mi yoksa seni aşağı mı çekiyor?

**Alıştırma:** Çıplak ayakla yürü.

Her fırsatta ayakkabılarını çıkar ve parktaki çimenlerin üzerinde yürümenin keyfini yaşa. Evde çıplak ayakla yürü; ahşabın, fayansların ve halının farklı dokularını hisset. Ayakların sen ve seni taşıyan yerle aranda sürekli bir iletişim kurar. Onlarla tekrar bağlantı kur, ayaklarını dinle. Dünyayı hissetmek için yaratıldık.

**Alıntı:**

Ayağını sıkan ayakkabılar giyersen
Ve boş bir arazide yürürsen,
Ayakkabılarını çıkarmadıkça
Arazinin özgürlüğünü hissedemezsin.

Mevlânâ Celaleddini Rumi

# Ayak izleri

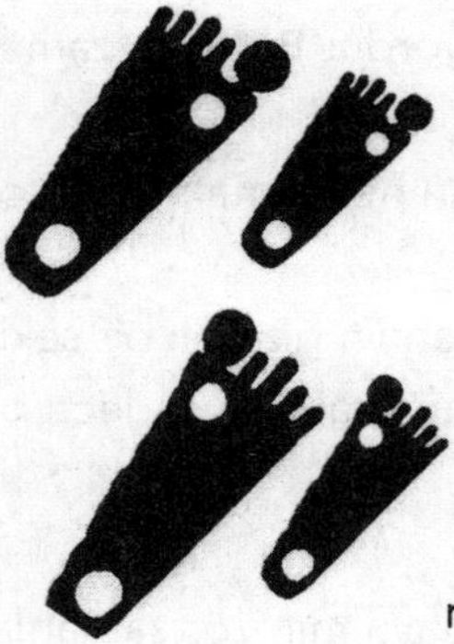

Bir hayat boyu yürüyüp sonsuzluk okyanusunun kıyısına gelmişti.

Boşluğa doğru baktı, zamanın hafif nefesini yüzünde hissetti.

Ve sessizliğin dalgalarını dinlemek için bir kayanın üzerine oturdu.

İşte o sırada onları gördü: Ayak izlerini.

Elbette kumda ona doğru gelenler kendi ayak izleriydi ama onların yanında bir çift ayak izi daha vardı. Etrafta kimse yoktu, yalnız yürümüştü, çoğu kişi bu noktaya hiç ulaşamamıştı bile.

Gözleriyle ayak izlerini görebileceği en uzak noktaya kadar takip etti. Öyle anlaşılıyordu ki diğer ayak izleri hep onunla beraberdi. Sanki hiç yalnız yürümemişti.

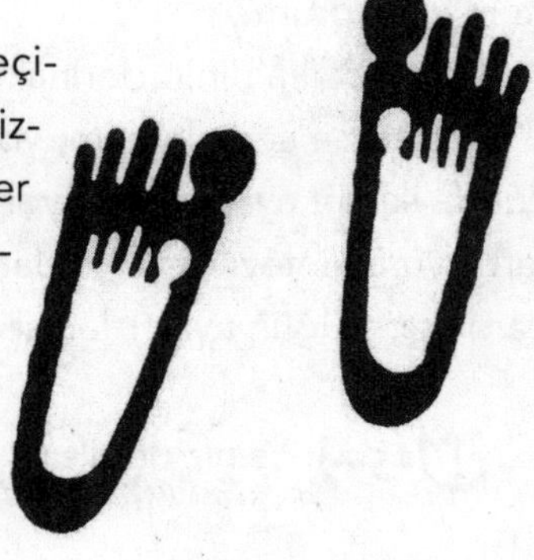

Hayatının bütün anlarını gözden geçirerek geri yürüdü. Ve bu gizemli ayak izlerine çoğu yerde rastladı. Hayatının her noktasında yanında, ona eşlik eden, tanıklık eden biri vardı.

Bunu anlayınca içini derin bir sevgi kapladı. Bir melek tarafından korunup kollandığını sık sık hissetmişti; sanki sevgi dolu bir varlık onu takip ediyor gibi gelirdi hep. Şimdi bunun doğru olduğunun kanıtını bulmuştu. Bazen ne kadar yalnız hissetmiş olursa olsun şimdi asla yalnız olmadığını anlıyordu. Bütün o zaman boyunca orada birisi vardı.

Sonra biraz daha yakından baktı ve durumun her zaman böyle olmadığını gördü.

Hayatını yeniden gözden geçirirken ayak izlerinin gizemli bir şekilde kaybolduğu bazı zamanlar olduğunu gördü; oralarda sadece bir çift ayak izi vardı.

Sonra başka bir şey fark etti.

İkinci ayak izlerinin kaybolduğu anlar hep hayatının zor zamanlarıydı. Halının ayağının altından çekildiğini hatta ayaklarının altındaki yerin yarıldığını hissettiği zamanlardı. İkinci ayak izleri bu kara günlerde düzenli olarak kayboluyordu. Bunu görünce kalbi kırıldı ve öfkelendi:

"Neden? Neden ihtiyacım olduğu zamanlarda hep böyle terk edildim?" Öfke ve üzüntüyle kalbinin sesi şakaklarında yankılanırken sordu, "Bir açıklama istiyorum. Neden her adımımda destekleniyor ve izleniyorken, bana eşlik ediliyorken en çok ihtiyacım olduğunda terk ediliyorum?"

Ve sonra kalbinin derinliklerinden cevabı duydu. Ses şöyle dedi: "Her zaman seninleydim, yoldaki her adımda. Bu yüzden hayat yolunda iki çift ayak izi görüyorsun. Ama üzgün olduğunda, hayat sana artık yürüyemeyeceğin kadar ağır geldiğinde seni taşıdım. O zamanlarda gördüğün ayak izleri senin değil benim."

**Mesaj:** Yalnız değilsin.

Yalnız olmakla yalnız hissetmek arasında çok büyük bir fark vardır. Kalabalık bir odanın ortasında da kendimizi yalnız hissedebiliriz. Veya ormanda yalnız yürürken evrenin bizi kucakladığını hissedebiliriz. Sosyal medya yalnızlık ve bağlantıda olma algılarımızı değiştirdi. Bağlantı kurma araçlarına sahip olmamız ve dünyanın her yerinde aynı ilgi alanlarını paylaştığımız insanlarla fikir alışverişinde bulunmamız harika bir şey. Ancak bu tür medyaya bağımlılık, teknoloji ve sürekli facebook'taki güncellemeleri takip etmek bütün insanlara ve genel olarak evrene derinden bağlı olduğumuzu hissetmemizi engelleyebilir. Gözlerimi kapatarak Arjantin'deki bir arkadaşımı aklıma getirebilir, ona bir not göndermeden veya fotoğrafını etiketlemeden enerjisini hissedebilir, ışığına bağlanabilirim. Kalbin süper güçlerinden biri de budur! Her türden her insanla bağ kurduğumuzu hissetmemizi sağlar. Bir ağaçla karşılaştığında internette yayınlamak için fotoğrafını çekmeden önce ona sarıl, varlığını hisset. Aranızdaki akrabalığı anla. Bağlantılı olduğunuzun farkına var. Aynı yıldız tozundan yapıldınız. Ayrı değilsiniz ve bu yüzden sen de yalnız değilsin.

**Seyir Defteri:** Çevrimdışı ağ

Bir kâğıt üzerine kalp bağlantılarının haritasını çiz. Sana dokunmuş ve eşlik etmiş olan herkesi dahil et. Yüz yüze tanışmış veya sadece yazılarını okumuş, tablolarını görmüş bile olabilirsin. Dünyanın bir yerinde birinin kafasında resimler yaptığını ve sonra dünyayla paylaştığını bilmek, hepimizin hayal gücümüzle birleşmemiz için yeterlidir. Kalbine dokunmuş hayvanları, suladığın bitkileri, sana dinlenmen için gölgesini vermiş ağaçları da unutma. Bu haritayı sakla ve yeni detaylar, yeni bağlantılar eklemek için ara sıra ona geri dön. Bizler evrenden ayrı değiliz. Kalbinin diğer tüm kalplerle nasıl bağlantıda olduğunu gözünde canlandırmak için bu haritayı kullan.

**Alıştırma:** Desteklendiğini hisset.

Bu alıştırma yerde veya suda yapılabilir. Yere uzan veya suda sırtüstü yat. Ve dünyanın vücudunun her parçasına sürekli olarak sağladığı bağlantı, destek ve kucaklamayı hisset. Kendini sevgi dolu doğa ananın kucağında yatan bir bebek olarak hayal et.

**Alıntı:**

Sanki ayaklarınla yeryüzünü öpüyormuşçasına yürü.

Thich Nhat Hanh

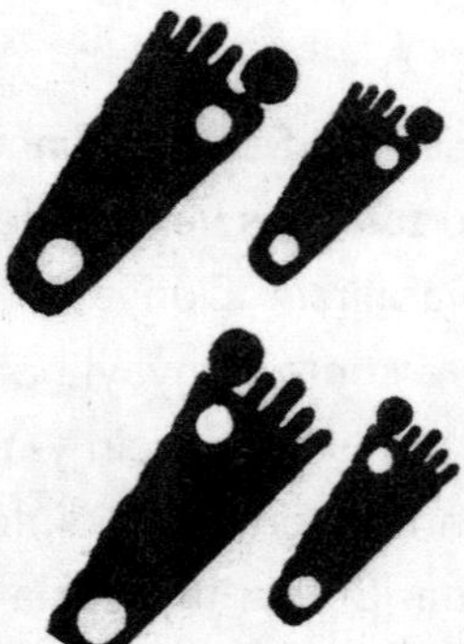

# Kaplanlara karşı

Nasreddin Hoca yine bir iş peşindeymiş. Eşeğine iki ağır heybe yüklemiş ve şehirde sağa sola bir şeyler serperek dolaşmaya başlamış. Meraklı birkaç çocuk yolda onu durdurup ne yaptığını sormuşlar. Hoca, "Görmüyor musunuz? Şehre tuz döküyorum" demiş. Bu cevapla çocukların kafaları daha da karışmış. Neden bunu yaptığını sorduklarında Hoca bağırmış: "Her yıl yaptığım şeyi yapıyorum. Benden önce de babam bunu yapardı. Bizi kaplanlardan korusun diye şehre tuz döküyorum." "Ama Hoca" demişler, "Ne kaplanı? Neden o değerli tuzu, bu kadar zamanını ve çabanı bizi kaplanlardan korumak için harcıyorsun? Burada hiç kaplan yok ki." "Doğru" demiş hoca. "Bu şehirde bir tane bile kaplan görülmedi. İşte döktüğüm tuzun ne kadar etkili olduğunun kanıtı!"

**Mesaj:** Hangisine ihtiyacın var? Duvarlar örmeye mi, kapıları açmaya mı?

Başına gelirse hiç hoş olmayacak ama gerçekleşme olasılığı da bir o kadar düşük bir duruma karşı kendini korumak için ne kadar zaman ve enerji harcarsın? Kendimizi aşırı korumak ve her şeye karşı garantiye almak görünüşte olgun ve yetişkinlere özgü bir davranış olsa da hayatımızı korkuyla yaşadığımızın bir göstergesidir. Kendimizi korktuğumuz şeylerden koruruz. Ama her korkunun öteki yüzü özlem duyduğumuz veya ihtiyacımız olan bir şeydir. Korktuğumuz şeylere karşı duvarlar örmektense ihtiyacımız olan şeyi hayatımıza daha çok alabilir miyiz? Bırak hayatın kâbuslara karşı sürgüleri çekmektense rüyalarına kapıları açmaktan ibaret olsun.

**Seyir Defteri:**

Benim kaplanlarım kimler ve neler? Hayatını gözünde duvarlarla çevrili bir şehir olarak canlandır. Hayatından uzak tutmaya çalıştığın işgalciler kimler? İstemediklerinin listesini yaptıktan sonra bir de misafir listesi yap. Hayatına kimi ve neleri daha çok almak istersin? İki listeyi de önüne koy. Şimdi şu öneriyi düşün: Duvarlarla çevrili şehrinin bekçilerini kovsan, duvarları yıksan ve herkesi buyur etsen, en çok kim ve neyin sana geleceğini düşünürsün?

**Alıştırma:** Kapına bir hoş geldin yazısı as.

Bazı kapıların üzerinde "hoş geldiniz" yazar. Birçok evin, ofisin girişinde üzerinde "hoş geldiniz" yazan bir paspas bulunur. Ama bunlar genellikle taşıdıkları anlamdan çok alışkanlıktan kullanılır. Boyalarını, kâğıt delgeçlerini, simli yapıştırıcılarını çıkar, kuru çiçekler ve bir ağaç parçasıyla yaratıcılığını konuştur. Gerçek bir "hoş geldiniz" panosu veya çelengi yapmak için zaman ayır. Panoda sadece "hoş geldiniz" yazabilir veya başka davetkâr sözler de seçebilirsin. Panoyu hazırlarken alıştırmanın amacının evini ve hayatını, mutlu anlarla birlikte büyümene yardımcı olacak zorluklarla dolduracak bütün misafirlere gerçekten açmaya niyet etmek ve bu niyete odaklanmak olduğunu unutma. Koruma kalkanlarını indirdiğini ve kalbinin kapılarını daha da araladığını hisset.

### Alıntı:

Herkes korkar. Bazen korkuyla ilgili yapabileceğimiz en iyi şey onunla arkadaş olmaktır. Onu kabullen ve her zaman yeniden ortaya çıkacağını bil. Dünyamızın ve ilişkilerimizin böylesine karmaşık olmasının temel bir nedeni varsa o da endişemizden, korkumuzdan ve utancımızdan, uzun vadeli sonuçlarına bakmaksızın, olabildiğince çabuk kurtulmaya çalışmamızdır. Bunu yaparken genelde başkalarını suçlarız ve farkında olmasak da bir dolu şekilde kendimize karşı hareket etmiş oluruz. Korkudan kaynaklanan düşüncelerimizi doğru, en iyi, gerekli veya gerçek düşüncelerimizle karıştırırız.

Harriet Lerner, Korkunun Dansı

# Şeytanın doğuşu

Yaşlı Baba dünyayı ilk kez rüyasında görmüştü. Bu rüyalardan biri çok netti ve zihnini öyle meşgul etmişti ki insanın uyanınca sadece rüya olduğuna şaşırdığı rüyalardan biriydi. Yaşlı Baba rüyasındaki dünyanın sadece bir rüya olduğuna çok şaşırdı ve onu yaratmaya karar verdi. Tohum olarak rüyasını kullandı ve ondan dünyayı geliştirdi. Atölyesine kapandı, haftalarca çalıştı. Bazı günler çok dolu ve üretken geçiyordu ve geceleri kapısını heyecan ve beklentiyle kapatıyordu. Bazı günlerse hayal kırıklığı yaşıyordu. Bazı şeyleri bir türlü rüyasındaki gibi yapamıyordu. Böyle günlerden birinde, tek boynuzlu atın boynuzunu bir türlü yapıştıramadığı, ejderhanın yemek borusunu yakmadan ateş tükürmesini sağlayamadığı bir gün her şey gerçek dışı ve mantıksız göründü. O hayal kırıklığıyla elinde tuttuğu çekici fırlattı. Çekiç dünyaya düştü, bir kayaya sertçe çarptı ve bu kayanın gölgesinden şeytan doğdu. Bir çingene masalında yer alan bu hikâyeye göre şeytan hayal kırıklıklarımızın, bıkkınlıklarımızın ve çaresizliklerimizin gölgesinden gelir.

**Mesaj:** Hayal kırıklığı hissetmeye hakkın var.

Bazı kişisel gelişim uzmanları sürekli olumlu bir tavır takınmamızı öğütler. Ama kendimizi sürekli olumlu olmaya zorlamak, umutsuzluk, üzüntü ve hayal kırıklığı gibi duygularımızı bastırmamıza neden olur. Umut ettiğimiz sonuçlara ulaşamadığımızda üzülebiliriz, kendimizi kötü hissedebiliriz.

Hoşnutsuzluğumuzun üstesinden gelmenin, sürekli bir mutluluk maskesi takarak ya da bu duygumuza kulak tıkayıp bastırarak kurtulmak yerine başka bir yolu daha vardır: Hayal kırıklığımızı, bizi ele geçirmesine ve "biz" haline gelmesine izin vermeden anlamak, ona tanık olmak ve onu paylaşmak. Hayatında üzüntünü ifade edecek bir alan bırakıyor musun?

**Seyir Defteri:**

Gerçek zorluklar bizi genellikle havlu atıp vazgeçme noktasına getirir. Böyle zamanlar aslında öğrenmek ve gelişmek için harika fırsatlardır. Hayatının bu döneminde hangi yönde büyüyorsun? Bu büyüme sürecine nasıl bir tavırla yaklaşıyorsun? Yargılamadan gözlemle. Yardım mı istiyorsun, savaşa mı girişiyorsun, kaçıyor musun, kızıyor musun, kendini mi besliyorsun yoksa daha doğru bir bakış açısına kavuşmak için geri mi çekiliyorsun? Sınırlarınla ilişkin nasıl? Fark et!

**Alıştırma:** Kendine ebeveynlik yapmak

Kendine son derece sevgi dolu ve anlayışlı bir anne veya babaymışçasına mektup yaz. Bırak içindeki ebeveyn şahit olduğu her şeyi ifade etsin, başarılarını, duygularını ve gelişen yönlerini kutlasın. Bu mektubu bir zarfa koyup yapıştır ve en çok ihtiyacın olan zamanda aç.

**Alıntı:**

Önemli olanın bir sınavı geçmek veya bir sorunu aşmak olduğunu düşünürüz ama gerçek şu ki işler aslında çözüme ulaşmaz. Her şey bir araya gelir ve sonra tekrar dağılır. İşte bu kadar basit! İyileşme, kedere ve rahatlamaya, ıstıraba ve sevince yer bırakmakla gelir.

Pema Chodron

# Hayat Üniversitesi

Ayşe, altı yaşındayken dünyadaki en akıllı adamın dedesi olduğuna inanıyordu. Dedesinin her şey için bir cevabı var gibiydi. Etraftaki köylerden bazen aralarında okul öğretmenleri ve muhtarların da bulunduğu pek çok kişinin zor meseleleri halledemediklerinde ona danışmaya gelmesinden gurur duyuyordu. Yaşı ilerledikçe, Ayşe bütün hayatını küçük bir Anadolu kasabasında geçirmiş olan yaşlı adamın aslında hayatta olan biten çoğu şeyden habersiz olduğunu fark etti. On yaşına geldiğinde Ayşe matematikte ondan daha iyiydi. Ortaokula geldiğinde artık ondan ödevleri için yardım istemiyordu ve liseye geçtiğinde herhangi bir konuda dedesine danışmaktan vazgeçmişti. Üniversite tatillerinde onu ziyarete geldiğinde bir çocuk olarak onda ne gördüğünü artık hatırlayamaz olmuştu. Bölgedeki onca insanın sorunları için dedesine başvurmasını şimdi neredeyse gülünç buluyordu. Sonuçta dedesi okuma yazma bilmiyordu ve köyün dışına hiç çıkmamıştı. Dedesi, bu ülkenin neden bir yere varamadığını gösteren en büyük örnek haline gelmişti onun için. İstanbul'da üniversite arkadaşlarıyla bu konuyu tartışırken, "Bu ülkenin eğitime, hem de çok sıkı bir eğitime ihtiyacı var. Belki ancak o zaman yeni çözümler hayal edebilir duruma geliriz. Okuma ve yazma bilmeyenlere saygı duyan bir ülkeden ne bekleyebiliriz ki?" diyerek fikirlerini savunuyordu.

Bir yaz tatilinde yine köye gitmişti. Evde doktora tezini bitirmek için uğraşıyor ama bir türlü toparlayamıyor, stresten saçını başını yoluyordu. Bunu gören yaşlı adam torununa yardım edip edemeyeceğini sordu. "Hayır dede, çok tatlısın ama sen hiç okula gitmemişken benim neler yaşadığımı nereden bilebilirsin ki?" dedi Ayşe.

"Ama ben okula gittim canım kızım. Aslında bütün hayatımı etrafım öğretmenlerle çevrili olarak geçirdim. O kadar çok öğretmen oldu ki hayatımda hepsini hatırlayamıyorum bile. Hayatımın her günü bana kendi dersiyle geldi. Mesela çocukken telgraf memuruna çıraklık etmiştim. Bana bu hayatta ağzından çıkan her sözün önemli olduğunu ve cümlelerini dikkatle seçmen gerektiğini öğretti. Sonra demiryollarında çalıştım. Orada da bir dakikalık gecikmenin bile hayatının büyük bir parçasını kaçırmana sebep olabileceğini, bu yüzden hiçbir şeyi ertelememen; tembelliğin veya dağınıklığın hayat treniyle arana girmesine izin vermemen gerektiğini öğrendim. Sonra köyümüze telefon geldi. Burada söylediğinin taa orada duyulabildiğini fark ettim. Ve bugün seni fikirlerini kâğıda dökmeye çalışırken izlediğimde, kendi teorilerimizin doğruluğunu kanıtlamak için fazla zaman harcadığımızda çevremizdeki bilgeliğe körleştiğimizi gördüm."

Ayşe bilgisayardan başını kaldırdı. Bastonu ve kaşlarını örten eski siyah kasketiyle çocukken taptığı adam orada duruyordu. Nasıl beş yaşındaki haliyle o kadar net gördüğü bilgeliği göremeyecek kadar körleşebilmişti?

O yaz Ayşe tezine planladığı kadar fazla zaman ayırmadı. Onun yerine komşuların, ağaçların, elektrik tellerinin ve kaynayan tencerelerin kadrolu öğretmenler olduğu başka bir üniversitenin öğrencisi oldu.

**Mesaj:** Hayat bir yolculuktur.

Hayat varılacak bir hedef değil bir yolculuktur. Ama genellikle o kadar hedef odaklı oluruz ki bunu unuturuz. Tıpkı öğrenmekten çok sınavlara odaklanan öğrenciler gibi. Uzak hedeflere odaklanır, anın verdiği dersleri kaçırırız. Beş, on veya yirmi yıllık planlarımızın hiçbiri şu anda çevremize olan körlüğümüzü haklı çıkaramaz.

**Seyir Defteri:** Bilmenin dört penceresi

Dünya ve kendimiz hakkında bilgi edinmenin birden fazla yolu vardır. Psikolog Eligio Stephen Gallegos, 'bilmenin dört penceresi' diyerek hissetme, hayal etme, sezme ve düşünmeden bahseder.

Daha çok hâkim olmak istediğin bir konu seç ve bu konu hakkında aşağıdaki soruları cevapla:

1- Bu konuya, insana veya duruma odaklandığımda içimde hangi duygular uyanıyor?

2- Hayal gücümün zihnimin orkestrasını yönetmesine izin verirsem bu konu, insan veya durum etrafında ne senaryolar, hikâyeler yaratabilir?

3- Sezgilerim bu durum, konu veya kişi hakkında ne söylüyor? Ne görüyorum, duyuyorum, kokluyorum, ne tadı alıyorum, kaslarımda veya dokunuşumda neler hissediyorum?

4- Bu konu, kişi veya durumu düşündüğümde aklıma neler geliyor?

## Alıştırma: Etrafımızdaki öğretmenler

Cansız bir öğretmen bul ve onunla konuş. Bu doğadan bir element, bir nesne veya teknolojik bir aygıt olabilir. Eline kâğıt ve kalem alıp nesneyi önüne koy, sorularını yaz ve cevabı dinle. "Bana bugün ne öğreteceksin?" diye sorarak başla.

## Alıntı:

Eğer tren senin istasyonunda durmuyorsa senin trenin değildir.

Marienne Williamson

# Okulda ne öğrendin?

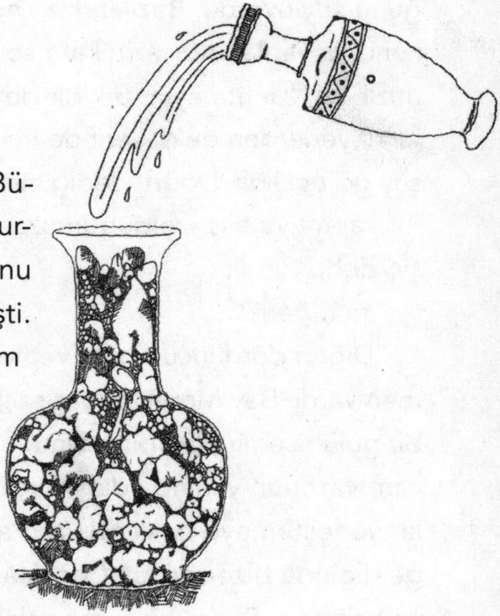

Jess okuldan nefret ediyordu. Bütün bir hafta boyunca aynı yerde oturmak, konuşmadan dinlemek ve sonu gelmeyen ödevler canına tak etmişti. Annesine, "Bu daha ne kadar devam edecek?" diye sordu. Aldığı cevap üzücüydü, "Yıllarca" dedi annesi. "Öyleyse yeter, oraya geri dönmeyeceğim. Bana doğruyu söyle, ortaokuldayken hiç işine yarayan bir şey öğrendin mi?"

"Şey, elbette bir sürü yararlı konu vardı. Geriye dönüp bakınca, hayatımda gerçekten işe yaramış ve hiç unutmadığım iki ders olduğunu hatırlıyorum. İlki şuydu; ikinci sınıftayken bir gün sınıfa girdiğimizde öğretmenimiz Bayan Carriere'in ortadaki masaya üç büyük kâse içinde su koymuş olduğunu gördük. Bizi masanın önünde sıraya dizdi. Sonra hepimiz sırayla sol elimizi içinde sıcak su bulunan soldaki kâseye ve sağ elimizi içinde soğuk su olan sağdaki kâseye daldırdık. Ellerimizi birkaç saniye kâselerin içlerinde tuttuktan sonra iki elimizi de ortadaki ılık su dolu kâseye sokmamızı söyledi. Öğretmenimiz her birimize 'Ortadaki kâsedeki su soğuk mu sıcak mı?' diye sordu. Hepimiz doğru cevap vermekte zorlandık çünkü az önce sıcak suya soktuğumuz sol elimiz bize suyun soğuk olduğunu, soğuk sudan çıkan sağ elimiz de sıcak olduğunu söylüyordu. Bazılarımız, 'hem soğuk hem sıcak' dedi. Hepimiz kendi cevaplarımızı verdikten sonra sıralarımıza oturduk. Öğretmenimiz bize, 'Unutmayın, tek bir doğru diye bir şey yoktur. Elleriniz bile farklı yerlerden geldiklerinde aynı konuda birbiriyle zıt düşebilir. Her şey görecelidir. Doğru dediğimiz şey genellikle kim olduğumuza, neler yapmaya alışık olduğumuza ve nereden geldiğimize göre değişir' dedi."

"Ya diğeri?"

"Diğeri dördüncü sınıfta verilen bir dersti. Bu sefer farklı bir öğretmen vardı. Bay Mount beyaz saçlı, biraz katı ama gözünde hep hınzır bir gülümseme olan bir adamdı. Sınıfa girdiğimizde kocaman bir boş cam vazonun yanında duruyordu. Vazonun içine dikkatle büyük taşlar yerleştirmeye başladı. Vazo artık daha fazla taş alamayacak hale geldiğinde bize sordu: 'Çocuklar, vazo dolu mu?' Hepimiz 'evet' diye bağırdık. Sonra bir torba çakıltaşı çıkardı, vazoya dökmeye başladı. Küçük çakıltaşları büyük taşların arasından kayıp bir kez daha vazoyu doldurmaya başladı. İşini bitirdiğinde bize döndü ve tekrar vazonun dolu olup olmadığını sordu. 'Şimdi dolu!' diye haykırdık. Ama bir torba kum çıkardı ve vazoya dökmeye başladı. Kum, vazonun dibinden yükselerek ağzına kadar geldi. Ve yine dolu olup olmadığını sordu. Bu kez sessizlik oldu... ve sonra küçük Matthew sordu. 'Biraz su ekleyebilir miyiz?' Bay Mount'un yüzü sevinçle parladı ve vazoya bir şişe su döktü. Sonra sordu: 'Vazoya önce su ve kum koysaydım büyük taşları ve çakıltaşlarını ekleyebilir miydim?' Hep bir ağızdan, 'hayır öğretmenim' dedik. Sonra bize gözlüklerinin üzerinden bakarak şu büyük sırrı verdi. Ses tonu o kadar ciddiydi ki hepimiz bir kelimesini bile kaçırmamak için öne eğilmiştik: 'Unutmayın, hayat bu vazo gibidir; önce büyük taşları koymanız gerekir. Sonra çakıltaşlarını ve sonra da kumu. Büyük taşlar sizin için her neyse; aile, öğrenmek, enstrüman çalmak, doğada vakit geçirmek, sağlığınız... önce onları koyun. Sonra daha az önemli olanları ekleyin. Bundan sonra hayatın geri kalan boşlukları gündelik kum ve sularla dolduracağından emin olabilirsiniz. Önceliklerinizi belirlemezseniz onlar için asla yer bulamazsınız.'"

"Hımm" diye mırıldandı Joe, "Benim öğretmenlerim de böyle şeyler öğretirler mi?"

"Bunu bilmenin tek bir yolu var; okula git, dinle ve neyin ilgini çektiğini gör. Ne zaman veya ne öğreneceğimizi asla bilemeyiz. Bu yüzden kalbimizi ve kulaklarımızı açık tutmalıyız. Yeter ki biz öğrenmeye açık olalım, büyük dersler genelde onları hiç beklemediğimiz anda gelir."

**Mesaj:** Önceliklerine sen karar ver.

İçinde yaşadığımız 'hedef çağı'nı yumuşatmak için 'akışa bırak' mantrasını kendi kendimize sıkça tekrarlarız. Yine de dikkatli olmamız gerekir çünkü bizi sürükleyebilecek 'akışlar' da çoktur. Bazen 'akışa bırakmayı', başkalarının bizim yerimize gündemimizi ve önceliklerimizi belirlemesiyle karıştırabiliriz. Aslında üç akış vardır:

'Kalp akışı', eğer kısıtlanmazsa kalbinin doğal olarak akacağı yöndür.

'Sosyal akış', çevrenin sana yapman veya önemsemen gerektiğini söyledikleridir.

'Evrensel akış', ruhunun doğayla, insanlıkla ve ilahi güçle anlamlı bir bağ kurman için çağrısıdır.

Bu senin hayatın ve önceliklerine sen karar vermelisin. Üç akışa da kulak vererek kendi biricik yolunu çizmelisin.

## Seyir Defteri:

1- Çocukluğunda aldığın 'büyük' dersler nelerdi?

2- Tamamen doğru olduğunu düşündüğün bir yargıyı aklına getir ve sonra hatırla, 'su hem sıcak hem de soğuk'. Bu kemikleşmiş inancına olan bağlılığını nasıl gevşetebilirsin? Seninkinden tamamen farklı bir altyapıya sahip biri bu duruma nasıl bakardı?

3- Hayatının 'büyük taşları', öncelik vermek istediklerin neler?

## Alıştırma: Deneyler

Anlatılan iki deneyi de tekrarla (evde çocuk varsa onların da katılmasını sağla). Taş, çakıltaşı, kum ve su dolu vazoyu sana önceliklerini hatırlatmak üzere her zaman görebileceğin bir yerde tut.

## Alıntı:

Eylemler öncelikleri gösterir.

Mahatma Gandhi

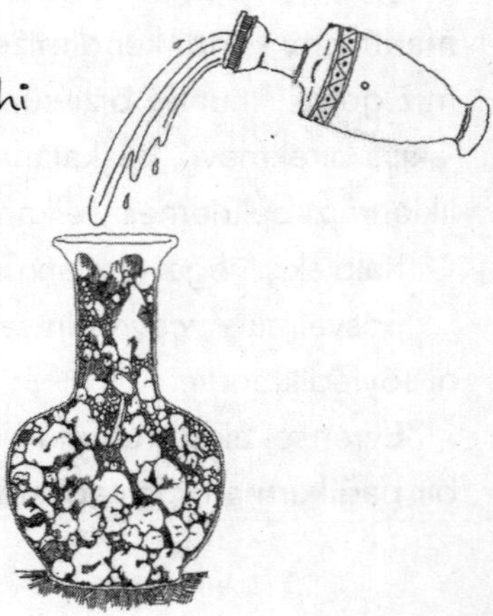

# Endişeli kral ve hayata güvenen tamirci

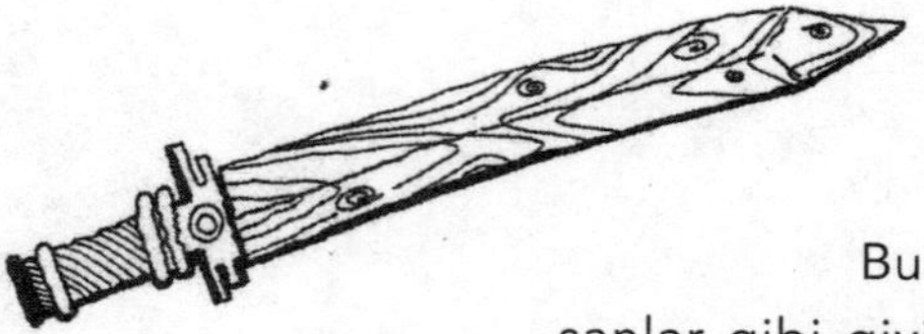

Bu masal kralların sıradan insanlar gibi giyinip halkın nasıl yaşadığını görmek için krallıklarının sokaklarında dolaştıkları dönemde geçer. Bir ülkenin kralı sürekli korku ve endişe içindeymiş. İyi bir adammış ve halkının refahına gerçekten önem veriyormuş ama bu durum endişesini daha da artırıyormuş. Güneş acaba yüzünü gösterip tarlalardaki domatesleri olgunlaştıracak mı? Üzümleri don kıracak mı? Danışmanları ona ihanet edecek mi? Acaba bir ordu gelip saldıracak mı? Bir şey ters gittiğinde saçını başını yolar, iyi gittiğinde de ya kötü bir şey olursa diye endişeden midesine ağrılar girermiş. Kısacası çok dertliymiş.

Bir akşam bir seyyah gibi giyinmiş ve ülkenin en fakir mahallelerinden birinde dolaşmaya başlamış. Küçük bir kulübede masada oturmuş, çorba ve ekmekten oluşan mütevazı akşam yemeğini yiyen bir adam görmüş. Ancak dikkatini çeken adamın güzel gülümsemesiymiş. Kral şimdiye kadar hiç böyle koşulsuz bir hoşnutluk ifadesi görmemiş; sanki adamın yüzündeki gülümseme bütün odayı aydınlatıyormuş. Kulübeye ve yemeğe bakınca adamın neden bu kadar mutlu olduğunu merak etmekten kendini alamamış. Kapıyı vurmuş ve adamdan kendisini bir gece için misafir etmesini istemiş. Fakir adam onu hemen içeri davet etmiş, ekmeğini ikiye bölmüş ve büyük parçayı seyyaha vermiş. İki adam birlikte sofraya oturmuşlar. Kral, adama ne iş yaptığını ve dışarıdan bile belli olan hoşnut ifadesinin sebebini sormuş.

"Ben bir ayakkabı tamircisiyim. Bugün iki ayakkabı tamir ettim, bir ekmek ve bir de mum alabildim. Ayrıca çorbama katacak sebze yaprakları topladım ve sen geldiğinde de güzel bir yemeğin tadını çıkarıyordum. Şimdi paylaşacak biri olduğu için daha da güzel oldu. Ben mutlu olmayayım da kim olsun?"

Kral, adamın düşünce tarzının basitliği karşısında afallamış ve biraz bozulmuş. Nasıl olur da bu adam hayatı güvencede değilken kendini bu kadar şanslı sayabilirmiş? Bazılarında hiç geleceği düşünmek, planlamak yok diye geçirmiş içinden.

"Ya yarın hiç iş olmazsa, o zaman ne yiyeceksin?"

"Eh" demiş gözleri parlayan adam, "bugün günü kurtardı, yarın da günü kurtarır. Daha gelmemiş gün için neden endişe edeyim ki?"

Kral sarayına dönerken, "Ne basit düşünce!" diye mırıldanmış. "Bu adam belli ki hiç gerçek bir zorlukla karşılaşmamış. Karşılaşsaydı biraz endişe ederdi." Ve ona bir ders vermek için adamı test etmeye karar vermiş.

Ertesi gün ayakkabıların tamir edilmesini yasaklayan bir yasa çıkarmış. Akşam olduğunda da adamın kulübesini ziyaret edecekmiş. Onu çaresiz bir halde, önceden hazırlıklı olmadığı için pişmanlık içinde bulacağını düşünüyormuş. Akşam kulübeye gittiğinde yüzü neşeyle parlayan adam yine mum ışığıyla aydınlanmış odasında oturuyormuş. Önünde ekmek ve çorbadan oluşan yemeği duruyormuş ve görünen o ki masada bu kez bir parça da peyniri varmış. "Nasıl olur?!" diye feryat etmiş kral ve planının neden başarısız olduğunu öğrenmek için kapıyı çalmış. Adam misafirini ağırlamaktan gerçekten mutluymuş ve onu sıcak bir şekilde buyur edip bir önceki gece olduğu gibi yemeğini onunla paylaşmış.

Kral, adama o günün ekmeğini nasıl kazandığını sormuş.

"Bugün aletlerimle çarşıya gittim ve ilginç bir şekilde ayakkabı tamir etmenin suç olduğunu öğrendim. Kuyunun yanında otururken kovalarını evine taşımaya çalışan yaşlı bir kadın gördüm. Ona yardım edince bana para verdi. Bunun üzerine tekrar kuyuya gidip bütün gün boyunca su taşıdım. Günlük ekmeğimi, mumumu ve hatta biraz peynir bile alacak kadar kazandım."

"Ama ya yarın?" diye feryat etmiş kılık değiştirmiş olan kral. "Yarın için nasıl endişelenmezsin?"

Adam, "Bugün günü kurtardı, yarın da günü kurtarır. Daha gelmemiş gün için neden endişe edeyim?" diye cevaplamış yine.

Bu tavrı kralı daha da kızdırmış.

Ertesi gün bu iflah olmaz aptala bir ders vermek konusunda daha da kararlı olan kral bu kez su taşıma işini yasaklayan bir yasa çıkarmış. Ve o akşam yine adamın evine gitmeye karar vermiş.

Akşam, adamın mum ışığıyla aydınlanan sofrasında ekmek, çorba ve peynirin yanında bu kez bir parça da sosis görünce çok şaşırmış! Odaya girer girmez ne kadar bozulduğunu gülümsemesiyle gizleyerek atılmış: "Öyle görünüyor ki dostum, bugün bir kez daha başarmışsın. Bugün geçimini nasıl sağladın?"

Mutluluktan yüzü parlayan adam misafiri için sosis keserken, "Eh, bugün de bir inşaatta iş buldum" demiş.

"Ama ya yarın iş bulamazsan?"

"Bugün günü kurtardı, yarın da günü kurtarır. Daha gelmemiş gün için neden endişe edeyim?"

Kral, bu adama bir şey öğretmek istiyorsa daha kökten bir çözüm bulması gerektiğini düşünmüş. Böylece ertesi gün bütün inşaat işçilerini zorla orduya yazdırmış. O akşam büyük bir güvenle ayakkabı tamircisinin evine gitmiş, pencereden bakınca bir de ne görsün: mutluluktan yüzü parlayan adamın masasında ekmek, peynir, çorba, sosis ve şarap varmış! Kral kapıya vurmadan içeri girmiş ve "Şimdi hangi talih kuşu kondu omzuna?!" diye feryat etmiş. Ayakkabı tamircisi misafirini sıcak bir şekilde buyur edip açıklamış: "Bugün tam inşaatta çalışmaya başlamıştım ki gardiyanlar geldi ve bizi orduya yazdılar. Bana bir üniformayla bir kılıç verdiler ve bütün gün sarayın dışında nöbet beklememi söylediler. Gün sonunda maaşımı almaya gittim ama saray muhafızlarının ancak ayın sonunda maaş alabileceklerini öğrendim. Eve yürürken bir emanatçi dükkânının önünden geçiyordum. Kılıcımın palasını bir aylık yiyecek karşılığı emanet bırakmaya karar verdim. Ay sonunda maaşımı alınca palayı geri alacağım. Bu arada kendime ahşaptan bir pala yonttum."

"Ama ya sarayda palayı kullanmanı isterlerse?"

Ayakkabı tamircisi misafirine bir bardak şarap doldururken, "Bugün günü kurtardı, yarın da günü kurtarır. Daha gelmemiş gün için neden endişe edeyim?" diye cevap vermiş.

Kral sesini çıkarmamış. Şimdi adamı köşeye sıkıştırdığını düşünüyormuş. Ertesi günün gelmesi için sabırsızlanıyormuş. Yarını hiç düşünmeden bugünü yaşayanların başına mutlaka gelecek sefaleti tatmasını istiyormuş.

Ertesi gün kral, ayakkabıcının önünde bir hırsızın yakalanması için düzen kurmuş. Baş muhafızın hırsızın elini kalabalığın önünde kesmesi için tamirciyi seçmesini sağlamış. Ayakkabı tamircisi öne çıkmış; biraz tereddütlü görünüyormuş. Baş muhafıza doğru bakarak, "Tanrım bana yardım etsin, ben bir sineği bile öldürmedim. Bu adamın bu cezayı hak ettiğinden ne kadar eminsin?" demiş.

"Kralın emri, karşı mı geleceksin?"

"Hayır, elbette buna cesaret edemem. Sadece Tanrı'nın onayını almama izin ver" demiş.

Ve ayakkabı tamircisi orada, kalabalığın önünde diz çöküp yüksek sesle Tanrı'ya yakarmış: "Tanrım, eğer bu adam suçluysa palama kuvvet ver, kutsal cezanı uygulayayım. Ama masumsa sana palamı tahtaya çevirmen için yalvarıyorum. Elim bir masumun kanıyla kirlenmesin."

Duası bitmiş ve şaşkın kalabalığın karşısında tahta palasını kınından çıkarmış! Halk mucizeyi alkışlamış, Tanrı'ya övgüler düzmüşler, ayakkabıcının cesaretini alkışlamışlar ve tabii hırsız da serbest bırakılmış.

Bu sahneyi seyreden krala gelince... O da kahkahalar atmaya başlamış. Ayakkabı tamircisine yaklaşmış ve sormuş: "Beni tanıdın mı?"

Tamirci kralın yüzüne bakmaya cesaret edemeyerek önünde eğilmiş. "Ekselansları, elbette sizi tanıdım, siz kralsınız."

Ama kral ısrar etmiş. "Bana bak, beni tanıyabildin mi? Üç gece üst üste sofrana misafir oldum. Şimdi de sen benim soframa dilediğin sürece misafir olacaksın. Senin dünyaya olan inancın benim aradığım ilaçtı."

Ve böylece kalbi gerçek inancı bilen basit bir ayakkabı tamircisi, endişeli kralın en güvendiği danışmanlarından biri olmuş.

**Mesaj:** Her gün kendi kısmetiyle gelir.

1- Yaşadığın günü, yarını planlayıp onun için endişelenerek mi geçiriyorsun?

2- Yarının ne getireceğini veya gerektireceğini bilmezken nasıl plan yapabiliriz?

3- Tedbirli olmakla korku içinde yaşamak arasında ince bir çizgi vardır. Sürekli yeni önlemler almayı düşünmek yerine biraz da inanç kaslarımızı çalıştırsak nasıl olur?

### Seyir Defteri:

İçsel krallığını yöneten, içindeki endişeli kral veya kraliçe ile yine içindeki hayata güvenen ayakkabı tamircisi arasında bir diyalog yaz. Kralın/kraliçen, tamircinin masasında otursun ve ona istediği her soruyu sorsun. Sonra tamircinin cevaplarını yazmak için diğer elini kullan (sağ elini kullanıyorsan solunu) ve bırak korkusuz kalbin gerçekleri söylesin.

### Alıştırma: Sadelik

Maddi varlıklar ve aşırı lüks, özgür kalbimizi ağırlaştırır. Bir ay boyunca sade yaşamayı dene. Temel ihtiyaçlar dışında (yiyecek, ilaç, temizlik malzemesi) yeni bir şey alma. Tabağında da sadeliği deneyimle. Bir ay boyunca basit yiyecekler, sade, yerel malzemeler al. Lüks, yediklerimizin ne kadar gösterişli olduğunda değil her yudumun tam olarak tadını çıkarabilme yeteneğimizdedir. O zaman çorba ve ekmek gerçek bir ziyafete dönüşür.

### Alıntı:

Her şey sona erdiğinde şunu söylemeni isterim:
Hayatım boyunca
Hayret ve hayranlık duygusuyla evli bir gelindim.
Dünyayı kollarına alan bir damattım.

Mary Oliver

# Baba ve oğul

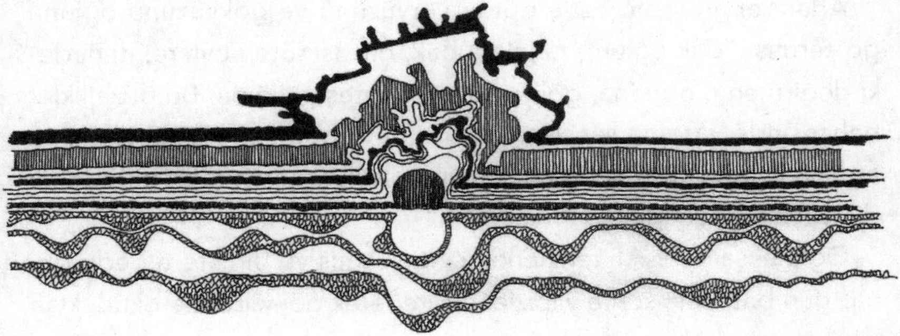

Toprak sahibi bir akşam oğlunu yürüyüşe çıkarmış.

"Benimle gel, sana hoşuna gidecek bir şey göstereceğim" demiş.

Güneş batmaya hazırlanırken tepeyi tırmanmışlar. Zirveye vardıklarında ağustosböcekleri uzun otlarda şarkılarını söylüyormuş ve ağaçlardaki her yaprak ince, altın bir ışıkla parlıyormuş. Adam abartılı bir jestle oğluna aşağıda uzanan ülkeyi göstermiş. "Gördüğün her şey, bütün tarlalar, bacası tüten her ev, nehirdeki değirmen, orman, hepsi benim ve bir gün senin olacak. Topraklarımızın zenginliğini iyice seyret."

"Hepsi gerçekten senin mi?" diye sormuş oğlu.

"En küçük ot parçasına kadar."

"Biz çok zenginiz baba. Çok şanslı hissediyorum" demiş çocuk.

Ve ikisi tepede gururla durup zenginliklerini seyretmenin keyfini çıkarmışlar.

Bir hafta sonra köyden fakir bir adam oğlunu yürüyüşe çıkarmış.

"Benimle gel, sana nefes kesici bir şey göstereceğim" demiş.

Yine gün batarken tepeye çıkmışlar. Gökyüzü rengârenkmiş. Tepede oturup aşağıdaki köyü seyretmişler.

Adam abartılı bir jestle bütün yeryüzünü ve gökyüzünü oğluna göstermiş. "Bak oğlum, tarlalara bak, bacası tüten evlere, nehirdeki değirmene, ormana, gökyüzünün muhteşemliğine. Bu güzellikler bahçesinde yaşama şansına sahibiz. Bütün bunlar seyretmemiz ve tadını çıkarmamız için bizim. Kalbin güzelliği görebildiği müddetçe dünyadaki en zengin adam olursun."

Oğlu akşamın ışıklı renklerini içine çekmiş ve birlikte tepede durup gün batımını, sonra yıldızları seyrederek gökyüzünde okudukları hikâyeleri birbirlerine anlatmışlar.

**Mesaj:** Şu andaki zenginliği gör.

Gerçek zenginlik daha çok mala sahip olmak değil az şeye ihtiyaç duymaktır. Dünyanın doğal zenginliklerinin farkına vardığımızda kişisel varlık birikimi yapmaya ihtiyaç duymayız. Bütün dünya bizim bahçemizdir. Zengin yaşamak dünyada sezgilerimiz açık bir şekilde, kendimizi her an çevremizdeki mest edici sevgiye bırakmaya hazır halde dolaşmaktır.

**Seyir Defteri:**

1- Hayatının sadeleştirebileceğin tarafları neler?

2- Seni ne zengin hissettirir, hayatın bolluk içindeymiş gibi düşünmeni sağlar? (Bunun maddi bir şey olması gerekmediğini hatırla.)

3- Babandan aldığın önemli derslerden biri nedir?

### Alıştırma:

1- Halka açık yerlerdeki çöpleri topla. Tüm dünyaya sana ait bir yermiş gibi özen göster. Ormanlarda, parklarda, deniz kenarlarında vakit geçirirken sık sık piknikçilerin bıraktığı boş kaplar ve kâğıtlar görürsün. Eğer bu bahçe senin olsaydı onları toplayıp atardın. Dünyaya hizmet etmek, burada evinde olduğunu hissetmenin en iyi yoludur.

2- Seyir defterini yazma alıştırmalarını bahçelere ve parklara taşı. Yaşadığın şehrin bir haritasını edin. Senin gidip tadını çıkarman için bekleyen herkese açık güzel alanları araştır ve listele. Bazılarını zaten biliyor olabilirsin, bazılarını keşfetmen gerekecek. Hayatlarımızı küçük dairelerimizle ve sıkışık ofislerimizle sınırlamamıza gerek yok. Halka açık parklar, deniz kenarları, nehir kenarları bahçelerimizdir. Okumak, çalışmak, yemek yemek ve arkadaşlarımızla buluşmak için bu dış mekânları kullanabilir, nerede yaşıyor olursak olalım dışarıda daha fazla vakit geçirebiliriz.

### Alıntı:

Sahip olduklarından hoşnut ol, her şeyin olduğu gibi olmasının tadını çıkar. Hiçbir şeyin eksik olmadığını fark ettiğinde dünya senindir.

Lao Tzu

# Aslanın yelesinden üç kıl

Sadece bir haftadır evliydiler. Aşk elmasından ancak bir ısırık alabilmişlerdi. Bahçelerini kazmaya ancak fırsatları olmuş, bir tohum bile dikememişlerdi. Kralın adamları gelip eli silah tutan bütün erkekleri savaşa çağırmıştı. Tartışmak, yalvarmak, ağlamak, hiçbir şey işe yaramadı. Erkeğini götürdüler ve kadın yalnız başına kaldı. Kocasının dönüşünü beklemesi gerekiyordu. O da öyle yaptı. Gözü sadece köy yolundaydı. Günün her anında başını kaldırıp bakıyor, dönmesini bekliyor, dua ediyordu. İlkbahar, yaz, sonbahar… bekledi bekledi. Sonra tam sabahın ilk kırağıları doğayı beyaz buzlarıyla öperken adam geri döndü. Kadın ona koştu ama adamın yüzünden bir şeylerin değişmiş olduğunu hemen anladı. Geri gelen adam veda öpücüğü verdiği adam değildi. Gözleri koyu ve sertti. Yüzü kapalı bir kapı gibiydi. Ona ne sarıldı ne de onu öptü. Güzel sözlerine belli belirsiz bir şeyler mırıl-

danarak cevap verdi ve mutfağa gidip tezgâhtan bir ekmek kaptı, odanın bir köşesinde yere oturup sessizce yemeye başladı. Yemeyi bitirdiğinde üzerine pelerinini örttü ve uyumak üzere uzandı. Kadın onu ne kendisiyle yemesi ne de yatakta uyuması için ikna edebildi.

Birkaç gün geçti. Kadın evi süsledi, pastalar pişirdi, çorbaların içine şifalı otlar koydu, yataklarının başucuna lavanta astı. Hiçbir şey değişmedi. Savaşa sevgi dolu bir adam yollamıştı ve yerine yıkılmış bir adam gelmişti. Bir hafta sonra yakınlardaki ormanda yaşayan güçlü bir şifacıya danışmaya karar verdi. Şifacı kadını dikkatle dinledi ve sonra şöyle buyurdu: "Yardım edebilirim. Ama iksir için gereken malzemeleri elde etmek çok zor. Onlar olmadan bir şey yapamam."

"Ne istersen söyle, getiririm. Kocamı seviyorum ve onu geri almak için ne gerekiyorsa yaparım."

"Pekâlâ. Dağ aslanının yelesinden üç kıl istiyorum. Ondan daha vahşi bir hayvan yoktur. Üç kılı almak için dağa tırmanıp onu bulman gerek. Sonra bir şekilde yelesinden o üç kılı almak için onu ikna edeceksin. Çok zor."

Şifacı daha sözünü bitirmeden kadın eve doğru yola çıkmıştı bile. Yün pelerinine sarındı, yanına biraz ekmek ve kilerde sakladığı etin büyük bir kısmını alarak şafakta yola koyuldu.

Dağ çok çetindi; kayalardan kayıyor, aşağı düşüyordu. Ormanda sık ağaçlar elbisesine takılıyor, kollarını ve yüzünü çiziyordu. Ama yılmadan devam etti. Gece olduğunda bir kayanın dibinde gecenin seslerini dinleyerek uyudu. Dağ vahşi hayvanlarla doluydu; çoğu gece avlanıyordu. Yürümeye devam etti. Dört gün boyunca dağa tırmandı. Sonunda aslanın mağarasına ulaştı. Tırmanırken yaşadığı zorluklar başına gelecek belaların daha başlangıcıydı ama bir planı vardı. Aslan uyurken etin bir kısmını mağaranın kapısına koydu ve uzak bir yere gidip saklandı. Aslan dışarı çıktı, ona sunduğu eti buldu. Etrafına bakındı, havayı kokladı, gürültüyle kükredi. Kadın nefesini tutmuştu. Sonra aslan eti yedi.

Ertesi gün aynısını tekrarladı ama bu sefer mağaraya biraz daha yakın bir yere saklandı. Aslan bir kez daha baktı, kokladı, kükredi ve sonra eti yedi. Kadın buna birkaç gün boyunca devam etti. Her seferinde mağaraya daha yakın saklanma yerleri buluyordu. Aslan onun kokusunu alıyor ama onu göremiyordu. Ama onu avlamaya kalkışmıyordu hiç. Kadının varlığının ona sunulan etle birlikte geldiğini anlamıştı. Ve sonunda bir gün kadın etin son parçasına geldi. Riski almak zorundaydı. Böylece eti kapıya koydu ve birkaç metre geride oturdu. Aslan geldi, ona baktı, kükredi. Kadın kıpırdamadı, nefesini tutu. Aslan eti yedi, sonra kadının önünde oturdu. Ve kadın kalbinde aslanın ondan ne istediğini sorduğunu duydu. Cevabı sessizce verdi. Ve aslan yelesini ona doğru indirdi. Kadın hemen üç tane kıl kopardı. Aslana teşekkür etti ve eve koştu.

Dönüş yolu çok daha kolaydı. Hem yükü hem de kalbi daha hafifti. Başarmıştı. Şimdi şifacı iksiri hazırlayacaktı. Kocası onu içecekti. Savaşın kâbusları zihnini terk edecekti. Hikâyelerine kaldıkları yerden devam edeceklerdi. Yürümüyor, köye doğru adeta uçuyordu. Dosdoğru şifacının evine gitti. Hazinesini göstererek muzaffer bir biçimde içeri girdi. Şifacı üç kılı ondan aldı ve dikkatle inceledi. "Çok etkileyici. Bunlar gerçekten dağ aslanının yelesinden. Tebrik ederim."

Sonra camı açtı ve üç kılı havaya doğru üfledi. Kıllar uçup ormanda kayboldular.

Kadın, "Sen ne yaptın?! Onlarla kocamı iyileştirmek için iksir yapacaktın!" diye bağırdı.

Ama yaşlı adam sakin bir şekilde kadının gözlerinin içine baktı.

"İksir diye bir şey yok, büyü diye bir şey yok. Kocanı iyileştirebilecek tek kişi sensin. Bir aslanı yelesinden kıl alacak kadar evcilleştirebiliyorsan bu iş için gereken bütün adanmışlığa, sabra ve sevgiye sahip olduğunu biliyorum. İyi şanslar."

Hikâye kadının bunu nasıl yaptığını anlatmıyor ama kocasının yanına geri döndüğünü anlatıyor. Bir sonraki baharda bahçelerine tohumlarını diktiklerini, kısa bir süre sonra da evlerinin olgunlaşan domatesler, kocaman parlak balkabakları ve çocuk kahkahalarıyla dolduğunu.

**Mesaj:** Değişim yaratmak senin elinde.

Yapılması gerekenler ne kadar olanaksız görünürse görünsün, dünyada görmek istediğin değişimi yaratma gücüne sahipsin. İmkânsızı denemek için birinin sana izin vermesini bekleme. Yardıma ihtiyacı olan kişi belki sevdiğin biri, belki senin bir parçan, bir grup veya bir komşun olabilir. Vermek istediğin şifa ne? Dünyayı iyileştirecek iksirin tarifi sende. İlk adım, eylemlerinin dünyayı değiştirebileceğine gerçekten inanmak.

## Seyir Defteri:

Hayatlarımız boyunca pek çok savaşlar veririz ve bazı yanlarımız eve yaralı veya mutsuz savaşçılar olarak döner. Mutsuz savaşçılarını evlerine dönüşte sevgiyle kucakla. Bırak mutsuzluklarını, hayal kırıklıklarını, korkularını ve tuttukları yasları ifade etsinler:

1- Verdiğin, halen vermekte olduğun mücadeleler, savaşlar neler?

2- Yenilgilerin ve hayal kırıklıkların neler?

3- Zafer kazansan nasıl hissederdin?

**Alıştırma:** Ev yapımı çiçek iksiri

İngiliz Doktor Edward Bach, ruhlar için şifa olsun diye belli bitkilerin üzerine düşen çiyleri toplardı. Ruhunu veya kalbindeki korku ve hayal kırıklıklarının açtığı yaraları tedavi edecek bir ilaca ihtiyaç duyduğunda çare olarak her zaman doğaya güvenebilirsin. Gün ışığını selamlamak için gün doğumunda yürüyüşe çık. Etrafındaki doğayı incele. Bitkilere bak, varlıklarını hisset. Sonra, sana iyileşmek için ihtiyaç duyduğun enerjiyi veren bir bitki bulduğunda çiçeklerinin ve yapraklarının üzerindeki çiyden birkaç damla toplayıp iç. Çiyin ağzında dağıldığını hisset. Bırak taşıdıkları mesaj içinde yeniden canlansın.

**Alıntı:**

Her ne yeteneğin varsa kullan. Sadece en iyi şakıyan kuşlar ötseydi ormanlar çok sessiz olurdu.

Henry Van Dyke

# Şansı uyuyan adam

Bir zamanlar Ahmet adında bir çocuk varmış. Bu çocuk annesiyle yaşarmış. Babası o daha dokuz yaşındayken bu dünyaya veda etmiş. Annesi onu tek başına, elinden geldiğince iyi yetiştirmeye çalışmış. Ahmet, babasının ölümünden sonraki ilk yıl çok perişan ve üzgün bir haldeymiş. Yatağından bile çıkmıyor, okula gitmeyi reddediyormuş. Önceleri annesi ve yaşadıkları kasabadaki insanlar babasının yasını tutması için ona zaman tanımışlar. Ama zaman geçtiği halde hiçbir şey değişmemiş. Ahmet hâlâ yatağından çıkmayı reddediyormuş. Annesi oldukça fakir bir kadınmış. İkisini doyurmak için bütün gün tarlalarda çalışıp didiniyormuş ama Ahmet parmağını kıpırdatmıyor, yemek hazırlamaya ve içinden hiç çıkmadığı evi temizlemeye bile yardım etmiyormuş. Annesi bu durumun geçeceğini ümit edip duruyormuş. Ama yıllar geçtikçe Ahmet daha da tembelleşmiş. Neden kalkıp çalışmadığını sorduklarında, "Şansım uyuyor. Çalışıp çabalamanın ne anlamı var. Şansım uykuda olduğu sürece elime bir şey geçmez. Uyanmasını beklemem daha doğru olur. Hem o zaman kolaylıkla bir iş bulur, para kazanır ve anneme bakarım" diye cevap veriyormuş. Bu mantık kasabadakileri güldürüyormuş. Pek çok kişi onu kalkıp çalışmaya ikna etmeyi denemiş ama Ahmet yine uyuyan şansından bahsediyormuş. Annesi kasabanın imamına gidip oğluna biraz akıl vermesini istemiş. Ertesi gün annesi evde yokken imam Ahmet'i ziyarete gelmiş. Şansla ilgili hikâyesini dinlemiş ve demiş ki; "Eh, şansın uyuyorsa o zaman kolay bir iş edin; şansa gerek duymadan yapılabilecek bir şey yap. Çarşıdaki hububatçıda bir yardımcıya ihtiyaçları vardı. Seni onlara tavsiye edeyim. Tek yapman gereken tohum çuvallarını doldurup boşaltmak ve dükkân sahibi camiye gittiğinde dükkâna göz kulak olmak. Şansa hiç gerek yok."

"Hayır" demiş Ahmet, "Ben düzgün bir iş yapmak istiyorum. Şansım uyandığında iyi para veren bir iş bulacağım ve artık annemin hiçbir şeye ihtiyacı olmayacak."

İmam, Ahmet'in bu hikâyeyi sadece tembelliğini haklı çıkartmak için uydurduğuna karar vermiş ve onu kaderine terk etmiş.

Annesi bu sefer yaşlı bir ebenin yardımını ve tavsiyesini istemeye karar vermiş. Yaşlı ebe annelere çocuklarıyla ilgili konularda hep yardım edermiş. Ebe ertesi gün, anne tarlalara çalışmaya gittiğinde eve uğramış. Ahmet'in durumu hakkında konuyu doğrudan açmak yerine onunla birlikte çay içmiş ve kasabada olup biten son olayları konuşmuşlar. Sonra, tam gitmek üzereyken Ahmet'e, "Şansının uyuduğunu duydum" demiş. Ahmet çok şaşırmış. İlk kez birisi sesinde bir alay ifadesi olmadan şansından bahsediyormuş. "Evet, doğru" diye cevaplamış.

"Ben daha küçükken şansı uykuya yatan bir adam vardı. Ne yaptı biliyor musun? Onu bulmaya ve uyandırmaya gitti. Kasabaya döndüğünde de harika bir iş buldu, hemen para kazandı ve kasabadaki en zengin ve en mutlu insanlardan biri oldu. Senin yerinde olsam gidip şansımı uyandırırdım." Sonra Ahmet'in cevabını beklemeden ona şans dilemiş ve evden çıkmış. O gün Ahmet'in annesi işten geldiğinde Ahmet'i ayağa kalkmış dolaşırken bulmuş. Ahmet annesine şansını bulma ve uyandırma planını anlatmış. Annesi bunu duyduğuna çok sevinmiş. Birlikte yolculuk çantasını hazırlamışlar, içine yiyecek ve su koymuşlar. Ertesi sabah Ahmet şafakla birlikte yola çıkmış.

Yeni bir maceraya atıldığı için heyecanlanan Ahmet tepelere doğru yola koyulmuş. Ama daha yürümeye başlayalı bir gün olmuş olmamış ki bir kükreme duymuş ve kendini bir aslanla burun buruna bulmuş. Aslanın onu yiyeceğinden emin bir şekilde diz çöküp yalvarmaya başlamış. "Lütfen aslan kardeş, beni yeme. Hayatımı değiştirmek üzereyim. Gidip şansımı uyandıracağım. Beni şimdi yeme. Şansım uyanınca en azından bir kez olsun hayatın nasıl olduğunu görmeyi çok istiyorum."

"Pekâlâ" demiş aslan, "Ben de pek şanslı olduğumu söyleyemem. Eğer şansı bulursan ona benim de neden sürekli aç olduğumu sor."

Ahmet hemen kabul etmiş ve bu kez daha hızlı yürüyerek yola koyulmuş. Biraz ilerledikten sonra bir dere görmüş ve matarasını doldurmak için aşağı inmiş. Suyuna elini değdirince dere iç çekmiş.

Ahmet, "Canın neden sıkkın dere?" diye sormuş.

"Eskiden erimiş gümüş gibi billur ve parlaktım. Her bir damlam evrende bir şarkıydı. Suyumun şifalı gücü bütün ülkede bilinirdi. Ama şimdi bir şey bana engel oluyor. Suyum çok yavaş akıyor ve çamur yolumu tıkıyor. Beni böyle engelleyenin ne olduğu bilmek isterdim. Kaynağıma bakıp öğrenebilir misin?"

Ahmet aslında seve seve yardım edeceğini ama şansı uyuduğu için bunun bir işe yaramayacağını söylemiş. Geri dönüş yolunda tabii ki bakabilirmiş. Ve böyle söyleyip yoluna devam etmiş.

Biraz daha gittikten sonra, gece yaklaşırken, bir ışık görmüş. Işığa doğru yürüyünce gül bahçeleriyle çevrili güzel bir ev bulmuş. Açık pencerelerden tatlı bir müzik geliyormuş. Eve yaklaştığında kapılar kendiliğinden önüne açılmış. Kapıda çok güzel bir kadın karşılamış onu. Birlikte yemek yemişler ve Ahmet ona şansının uyuduğunu anlatmış. Kadın da ona yalnızlığını anlatmış.

Ertesi gün ayrılmışlar. Kadın Ahmet'e şansını bulmasını dilemiş ve bulduğunda gelip onu tekrar ziyaret etmesini istemiş.

Ahmet yolun biraz ilerisinde, yakındaki bir dereye doğru dallarını uzatan bir ağaç görmüş. "Ne tuhaf bir ağaç" diye düşünmüş. Ve tam da öğlen uykusu vakti geldiği için ağacın serin gölgesine yerleşmiş. Bu sırada çok net bir şekilde ağacın iç çektiğini duymuş. "Canın neden sıkkın ağaç?" diye sormuş. Ağaç, "Hırsızlar köklerime ağır bir sandık gömdü. Sandık yüzünden şimdi köklerimden su alamıyorum. Ben de bu yüzden dallarımla su içiyorum. Ama bu çok zor bir iş ve sürekli yorgun ve susuzum" demiş.

Ahmet, "Sana yardım etmek isterdim ama şansım uykuda olduğu için benim yardımım sana yaramaz. Geri dönüş yolumda gelip seni ziyaret ederim" demiş ve yoluna devam etmiş.

Biraz daha ilerlemiş. Bir ağacın altında uyuyan tuhaf, küçük bir adam görmüş. Yakından bakınca adam kendisinin minyatürü gibi duruyormuş.

"Hey! Sen kimsin? Burada ne yapıyorsun?" diye bağırarak adamı uyandırmış.

Küçük adam esneyip gözlerini ovuşturarak cevap vermiş: "Ben senin şansınım. Seni bekliyordum. Sen gelene kadar biraz kestireyim demiştim."

Ahmet şansına, o uyuduğu için başına gelen bütün belaları anlatmış. Ve bir daha onu böyle terk etmemesini söylemiş.

"Ama beni kullanmazsan seninle kalamam. Şans, risk aldığında kullandığın bir şeydir, yatakta yatarken değil. Bana ne kadar çok ihtiyacın olursa o kadar yakınında olurum. Şimdi eve git ve kendine daha iyi bir hayat kurmak için hazırlan. Sana üç fırsat vereceğim. Onları kullanırsan hayatın boyunca seninle kalırım. Ama çok kibirli, sabırsız davranır veya önüne çıkan fırsatları göremezsen seni sonsuza kadar terk ederim" demiş şans.

Ahmet şansın söylediklerini hemen kabul etmiş. Ama dönüş yoluna çıkmadan önce aslanın şansının durumunu da sormayı unutmamış. Ve şansı ona aslanın ne yapması gerektiğini anlatmış. Sonra Ahmet adeta koşarcasına eve doğru yola koyulmuş. Eve gitmek ve yeni hayatına başlamak için çok sabırsızlanıyormuş. Herkese söylediği gibi o güzel işi bulacak, bütün köylüleri etkileyecek, başından beri haklı olduğunu gösterecekmiş. Şansı onu birkaç adım gerisinden takip ediyormuş.

Dönüş yolunda tekrar ağacı görmüş. Ağaç, "Şansını bulduğuna göre şimdi köklerimi kurtarmak için sandığı çıkarır mısın?" diye sormuş.

"Çok isterdim ama kaybedecek bir saniyem bile yok. Şans tam arkamda, her hareketimi izliyor. Eğer oyalandığımı görürse o şanslı işimi bulmam için benimle doğrudan eve gelmek yerine sinirlenir ve beni terk eder. Kusura bakma" demiş Ahmet. Ve yoluna devam etmiş.

Biraz daha gidince karşısına güzel ve yalnız kadının evi çıkmış. Kadın, "Demek geri döndün!" diye sevinçle onu karşılamış. "Ve görüyorum ki şansın da tam arkanda. Kalbime hoş geldin. Ben de dönmeni umuyordum. Son ziyaretinden beri rüyalarımda hep seni görüyorum. Benimle kalmaz mısın?"

Kalbi gerçekten de kalmak istiyormuş; burnu mutfaktan harika kokular alıyormuş ve bu evde mutlu bir hayat yaşayabileceğini tahmin ediyormuş. Ama şansının onu izlediğini hatırlamış ve şöyle cevap vermiş: "Çok isterdim ama kaybedecek bir saniyem bile yok. Şans tam arkamda, her hareketimi izliyor. Eğer oyalandığımı görürse o şanslı işimi bulmam için benimle doğrudan eve gelmek yerine sinirlenir ve beni terk eder. Kusura bakma."

Ve böylece yoluna devam etmiş. Arkasına bakmamaya çalışmış.

Bir süre sonra dereyi görmüş.

"Bakıyorum şansını bulmuşsun. Geri geldiğine sevindim. Şimdi şansın arkanda olduğuna göre, kaynağımı kurtarabilir, bana şifalı sularımı geri verebilirsin."

Ahmet, annesine biraz şifalı su götürebilse ne kadar iyi olacağını hayal etmiş. Hatta şöyle bir düşününce, kasabada şifalı suya ihtiyacı olan başkaları da çıkabilirmiş. Ama omzunun üzerinden bakmış ve arkasındaki küçük adamı görmüş. Ondan hiç de memnun gibi görünmüyormuş. Böylece verdiği sözü hatırlayarak dereye demiş ki: "Çok isterdim ama kaybedecek bir saniyem bile yok. Şans tam arkamda, her hareketimi izliyor. Eğer oyalandığımı görürse o şanslı işimi bulmam için benimle doğrudan eve gelmek yerine sinirlenir ve beni terk eder. Kusura bakma."

Ve yürümeye devam etmiş. Sonra sanki bir balon patlamış gibi bir 'pof' sesi duymuş. Arkasına döndüğünde şansın kaybolduğunu görmüş. "Hayır, olamaz! Neler oluyor?" demiş.

Oturup düşününce ağacın köklerine gömülü hazine, o kadın ve şifalı suların şansın bahsettiği üç fırsat olabileceğini anlamış.

Yolmak için tuttuğu saçını çekmeye fırsat bulamamış çünkü bir kükreme duymuş. Aslan yine oradaymış.

"Ne oldu" diye hırıldamış aslan, "şansını uyandıramadın mı?"

"Evet, uyandırdım ama yine kaybettim!" Ve aslana başından geçenleri anlatmış.

"Ya benim sorum? Şansına benim şansımı sormayı hatırladın mı?" diye sormuş aslan.

"Evet, hatırladım. Karşına çıkan en aptal adamı yemeni söyledi. Böylece hiç aç kalmazmışsın."

"Öyle mi?" diye hırlamış aslan, "Tam adamını buldum demek."

Ve titreyen Ahmet'in üzerine atılmak için geriye doğru bir hamle yapmış. Ama sonra durmuş ve gülmeye başlamış. "Sana zarar vermeyi hiç düşünmedim. Sadece kendi dertlerini düşünürken başkasınınkileri de hatırlayıp hatırlayamadığını görmek istedim. Şansın seni terk etmedi. Sadece kendini görünmez kıldı. Bir fırsat görüp yakaladığında hep arkanda olacak. Onu görmene gerek yok. Sadece orada olduğuna güven" demiş.

Ahmet eve dönmüş. Annesi onu tekrar gördüğü için çok rahatlamış. Ertesi gün kasabaya gidip hububat dükkânındaki işe başvurmuş. Kendini bütün kalbiyle işine vermiş ve kısa süre içinde dükkân çok iyi iş yapmaya başlamış. Yolculuğunda karşılaştığı kadın kadar güzel bir kadınla tanışmış. Evlenmişler ve çocukları olmuş. Zaman içinde hububat dükkânının sahibi sakin bir hayat yaşamak üzere emekliye ayrılmış ve dükkânı Ahmet'le ailesine bırakmış. Ahmet artık arkasına bakmaya gerek duymuyormuş. Cesur bir adım attığı her seferinde şansının tam arkasında durduğunu biliyormuş.

**Mesaj:** Fırsatları gör.

Bir yerlere saplanıp kalmamızın nedeni bize fırsatlar verilmemiş olması değildir. Bazen etrafımızdaki fırsatları görme yeteneğimizi yitiririz, çünkü hayatımızla ilgili kendi kendimize anlattığımız hikâyelerle uyuşmadıklarını düşünürüz. Her birimiz bir senaryonun 'nasıl olması gerektiğiyle' ilgili bir hikâyeye tutunuruz. Ne kadar kazanmalıyız, nasıl bir evde yaşamalıyız, ne tür ilişkiler kurmalıyız, kaç çocuk yapmalıyız... Hayatımız planlara göre gittiği zaman bunu kutlar, şartlarımızı kafamızdaki taslaklara uyduramadığımızda üzülürüz. Taslağı katlayıp zihnimizin çekmecelerinden birine kaldırabilir miyiz? Hikâyemizi hayatla birlikte yazıp gerçeklerle mücadele etmekten vazgeçebilir miyiz?

**Seyir Defteri:** Byron Katie'nin 'Çalışma'sı

Byron Katie, hayatları dönüştüren 'çalışma'sında kendimize anlattığımız ve bize zarar veren veya stres yükleyen hikâyeyi gözden geçirmemiz için dört soru öneriyor. Sana acı veren veya sende strese sebep olan bir inancını yaz. Bu inancı dört soruyu kullanarak sorgula ve tersine çevir.

1- Bu doğru mu? (Evet veya hayır; hayır dediysen 3. soruya git.)
2- Doğru olduğunu kesinlikle söyleyebilir misin? (Bunu olabildiğince derin sorgula.)
3- Bu düşünceye inandığında nasıl tepki veriyorsun, ne oluyor?
4- Bu düşünce olmasaydı kim olurdun?

İnancını sorguladıktan sonra bu ifadeyi tersine çevirmeye ve diğer ifadelerin de sana acı veren bu ifade kadar doğru olabileceğini görmeye hazırsın. Bir ifadeyi tersine çevirmenin üç yolu vardır: Kendine, ötekine, karşıtına.

Örnek: 'Paul beni anlamalı' ifadesi şöyle çevrilir:

Kendimi anlamalıyım (kendine).

Paul'u anlamalıyım (ötekine).

Paul beni anlamamalı (karşıtına).

İnancını çevirerek elde ettiğin üç ifadeyi düşün ve bu durumda, bu yeni ifadelerin nasıl senin için aynı derecede doğru olduğuna dair en az üç gerçek örnek bul. Sonra da bu sürecin seni acı veren inanç sistemlerine bağlılığından kurtararak nasıl bir iç huzuru sağlayabileceğini vücudunda hisset.

**Alıştırma:** Kendine bir şans tılsımı yap.

Küçük bir kâğıt parçasına sana cesaret veren sözleri yaz. Sonra kâğıdı kıvır veya katla ve bir bezin içine sar. Bu küçük şans tılsımından anahtarlık veya kolye yapabilirsin. Karşına çıkan fırsatları cesaretle değerlendirmen için bir hatırlatıcı olarak yanında taşı.

**Alıntı:**

Belki de hayatımızdaki bütün canavarlar sadece tek bir kez olsun zarafetle ve cesaretle harekete geçtiğimizi görmek isteyen prenseslerdir. Belki de bizi korkutan her şey en derinde, özünde çaresizce sevgimizi istemektedir.

Rainer Maria Rilke, Genç Bir Şaire Mektuplar

# Moşe kenti terk edince

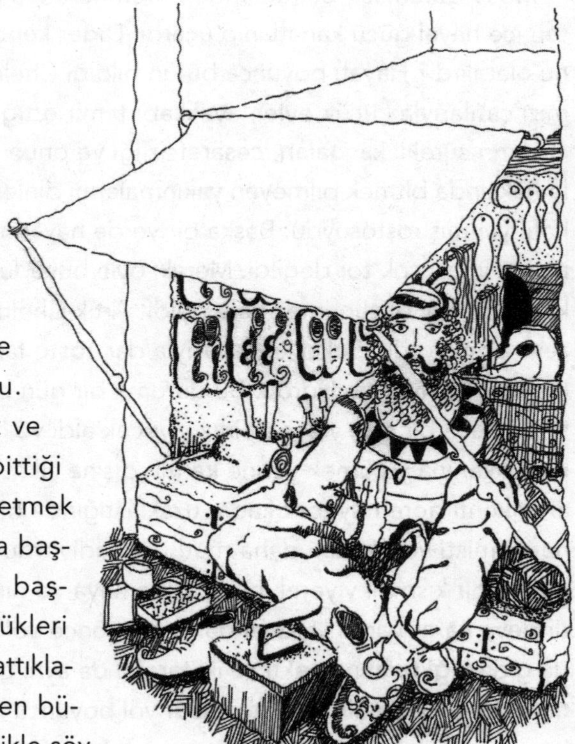

Moşe bütün hayatını küçük bir kent olan Chelm'de geçirmişti. Burada hayat ne kolay ne de zordu. Ama bir çay içmek ve kentte neler olup bittiği konusunda sohbet etmek için dışarı çıktığında başkalarının dünyanın başka yerlerinde gördükleri şeyler hakkında anlattıkları hikâyeleri dinlerken büyüleniyordu. Genellikle şöyle derlerdi:

"Ah Moşe, bu kentin dışındaki hayatın nasıl olduğunu bir bilsen. Ama yok, bilmesen daha iyi olur. Bilmek insanı daha mutlu kılmıyor, sadece burayı terk etmeyi istiyorsun. Buradaki hayattan senin aldığın zevki alamaz hale geldik. Aslında Moşe, dışarısı çok farklı değil sadece küçük farklar var ama sonuçta bunlar çok büyük bir fark yaratıyorlar. Bu küçük farklarda tamamen yeni bir hayat tarzı yatıyor."

Moşe gülümser, elindekinden memnunmuş gibi yapardı ama içten içe hayal gücü kanatlanıp uçardı. Diğer kentlerde bu kadar farklı ne olabilirdi? Hayatı boyunca bütün bildiği Chelm'in anacaddesi, kırmızı çatılarıyla küçük evler, ayakkabı tamir ettiği küçük dükkânı, çocukların sürekli kavgaları, cesaretsizliği ve onun yüzünden çektiği çile hakkında bitmek bilmeyen yakınmalarını dinlerken yediği, karısının hafif yanmış rostosuydu. Başka bir yerde hayatın daha güzel olduğuna inanması çok zor değildi. Merakı öyle büyüdü öyle büyüdü ki başka hiçbir şey düşünemez hale geldi. Artık Chelm'deki hiçbir şeyden zevk alamıyordu. Sokaklar fazlasıyla dar, rosto fazlasıyla yanık, ev fazlasıyla gürültülü geliyordu. Bu duruma bir gün bile katlanamayacaktı. Böylece bir gün yanına biraz yiyecek aldı ve her sabah yaptığı gibi dükkânına yürümek yerine kentin dışına çıktı. Arkasına baktığında artık kenti göremeyecek kadar uzaklaştığında bir oh dedi. Şimdiden hafiflemişti ve kendini daha mutlu hissediyordu. Ekmeğinin ve peynirinin bir kısmını yiyerek bunu kutlamaya ve bir ağacın altında kestirmeye karar verdi. Uykuya dalmadan önce yolun hem geldiği hem de gideceği tarafına baktı ve iki tarafın da aynı göründüğünü fark etti. Gözünün görebildiği yere kadar yol boyunca aynı ağaçlar ve tarlalar uzanıyordu. Uyandığında hangi tarafa gideceğini nasıl anlayacaktı? Hemen bir çözüm düşündü. Ayakkabılarını yolun kenarına topukları geldiği yöne, burunları gideceği yöne bakacak şekilde yerleştirdi ve bulduğu yaratıcı çözümünden memnun bir şekilde güvenle uykuya daldı.

O uyurken bir yolcu geldi ve yol kenarında güzel bir çift ayakkabının durduğunu gördü. Daha yakından bakmak için ayakkabıları eline aldı ama aslında sayısız kez tamir edilmekten tabanları iğne deliğinden açılmış, üstü deri parçalarından bir yama işine dönmüş çok eski ayakkabılar olduğunu fark etti. Böylece onları bulduğu yere bıraktı... ama yanlışlıkla ters yöne doğru bırakmıştı.

Moşe uyandığında ayakkabılarını aldı ve kendini bir kez daha bu dâhice öngörüsü yüzünden kutladı. Ayakkabılar olmasaydı kesinlikle yanlış tarafa giderdi. Yeni bir kent, yeni bir dünya keşfedecek olmanın heyecanıyla tekrar yürümeye başladı.

Bir süre sonra bir kente ulaştı. Gerçekten emin olmasa bu kentin Chelm olduğunu söylerdi. Kırmızı çatıları ve anacaddesiyle burası yaşadığı yere çok benziyordu. Caddede yürürken bazı dükkânları ve dükkân sahiplerini tanıdığını bile düşündü. Bir yanıyla, insanlar dünyanın geri kalanının ne kadar farklı olduğunu söylerken abarttıklarını biliyordu ve işte kanıtı buradaydı. İnsanlar bile aynı gözüküyordu. Bu kentte her şey Chelm'e çok benziyordu ama aynı zamanda her şey farklıydı. İnsanlar daha neşeli ve cana yakın gibiydi. Mesela anacaddede yürürken herkes onu selamlıyordu. Chelm'de insanlar yabancıları bu kadar cana yakın bir biçimde selamlamazdı. Hayır, Chelm'de insanlar yabancıları baştan aşağı süzer ve kendi aralarında fısıldaşırlardı. Ama burası öyle değildi. İnsanlar güven duymaya daha hazır, daha açıktı. Buradaki her şey kendi kentindekine o kadar benziyordu ki acaba kendisininkine benzeyen bir ayakkabı tamirhanesi de var mıdır diye merak etti. Evet, vardı. Ve tesadüfe bakın ki bu dükkân da kendi dükkânı gibi kasapla terzinin arasına sıkışmıştı. Bu kentteki ayakkabı tamircisinin nasıl biri olduğunu merak etti ama dükkân bugün kapalı görünüyordu. Böylece bu kentte de kendi evinin sokağı gibi bir sokak olup olmadığını merak ederek köşeden sağa döndü. Şu işe bakın ki bu sokak da aynı kendi sokağı gibiydi. Ayakları onu kendiliğinden, kendi evine çok benzeyen bir eve götürdü. Çatısı biraz daha kırmızıydı ve sanki bu ev kendi evinden biraz daha temizdi. Sokaktaysa kendi sokağındaki genellikle kavga edip bağrışan çocukların aksine gülen ve oynayan çocuklar vardı.

Sonra neredeyse kendi karısının sesine benzeyen bir ses duydu ama bu seste biraz daha sevgi vardı sanki. "Moşe! Sokağın ortasında durmuş, ağzını salak gibi açmış ne yapıyorsun? Sinek yakalamaya mı çalışıyorsun? Ailene yemek getirmenin başka bir yolunu mu buldun?"

İşte orada, pencereden bakıyordu: Karısı Melda'ya çok benzeyen bir kadın. Sadece bu kadın saçlarını topuz şeklinde toplamamış, serbest bırakıp dalga dalga omuzlarına salmıştı. Ona gülümsedi, ne kadar tatlı bir kadındı. Herhalde onu kocası sanmış olacaktı. Eğer bu kadın karısına bu kadar benziyorsa bu kentte kendisine benzeyen Moşe adında bir adam da olabilirdi. Moşe birdenbire kendisine benzeyen bu adamla tanışmak için can atmaya başladı. Böylece eve girdi.

Her misafirin yapacağı üzere kadına mutfaktan gelen güzel rosto kokusu hakkında iltifatlar etti ve hatırını sordu.

O akşam diğer Moşe eve gelmemişti. Karısı ve çocukları doğal olarak yeni gelen Moşe'yi o sanmış, kadın ona kocası, çocuklar babaları gibi davranmıştı. Moşe onlara gerçeği söylememeye ve onun sandıkları kişi olduğuna inanmalarına engel olmamaya karar verdi. Bu arada onları elinden gelen en iyi şekilde dinledi ve ihtiyaçlarına karşılık verdi. Kendi kentinde bıraktığı kendi karısı ve çocuklarına da başka birinin aynı şekilde davranmasını umuyordu.

Ertesi gün hâlâ diğer Moşe'yle tanışmaya can atıyordu. Başka bir yere gitmek için yoluna devam etmek yerine gidip diğer Moşe'nin ayakkabı dükkânında çalışmaya karar verdi. İşi elinden gelen en iyi şekilde yaptı, diğer Moşe'nin itibarını kötü işçilikle zedelememeye dikkat etti. Sonra eve dönerken diğer Moşe tarafından terk edilmiş zavallı kadın ve çocukları düşünerek yolda bir demet çiçek ve çocuklar için hediyeler aldı.

Günler gelip geçiyordu ve Moşe sabırla diğer Moşe'nin dönmesini bekliyordu. Bu arada diğer Melda'yla yaşadığı hayatına alışmış, diğer çocukları elinden geldiğince iyi yetiştirmeye çalışıyordu. Bu kentte hayat daha kolay gibiydi. Zamanla dükkâna daha fazla müşteri gelmeye başladı ve daha çok kazanır oldu. Diğer Melda kendi karısından daha nazikti, daha az şikâyet ediyordu. Diğer çocuklar da meraklı ve zekiydiler.

Moşe kendi kentini terk ettiğine ve diğer Chelm'de yerleştiğine hiç pişman olmadı. Dünyanın geri kalanının çok farklı olduğu doğru değildi ama kentindeki adamlar doğru söylemişti. Dünyanın geri kalanının güzelliği küçük farklarda kendini belli ediyordu.

**Mesaj:** Neyi kanıksadığını keşfet.

Hep diğer bahçedeki çimenler daha yeşilmiş gibi gelebilir. Şehirde yaşıyorsak kırsalın güzelliğine ve sadeliğine özeniriz. Kırsalda yaşıyorsak şehrin sosyalliğinin ve kültürel etkinliklerin özlemini duyarız. Her saniye bir seçim yapar ve bazı şeylere hayır deriz. Seçimlerinin arkasında durabilir misin? Şu anda sahip olduğun hayatı tamamen kucaklayıp elindekilerin değerini bildiğinde çok güzel değişimler görebilirsin.

## Seyir Defteri:

Yaşadığın şehir veya kasaba bütün dünyada en yaşanılır 100 yer listesine girdi ve hatta bir numara seçildi. Bu konuda senden bir makale yazman istendi. Yazını süslemek için birkaç fotoğraf koymayı da unutma.

**Alıştırma:** 'Diğer sen'e yolculuk

Mahallenden, köyünden veya şehrinden çık ve sonra yeni bir bakış açısıyla dönmeyi dene. Bildiğin yer hakkında bütün bildiklerini bir tarafa bırak ve buraya yeniden, sanki ilk kez geliyormuş gibi girmeyi, ilk kez görüyormuş gibi bakmayı seç. Gezgin bakış açını geliştir, detaylardaki güzellikleri gör ve kalbinin nasıl büyülendiğini hisset.

**Alıntı:**

"Sabah oldu" deme ve onu dünden kalma bir isimle başından savma. Onu adı olmayan bir çocuk gibi ilk defa gör.

Rabindranath Tagore

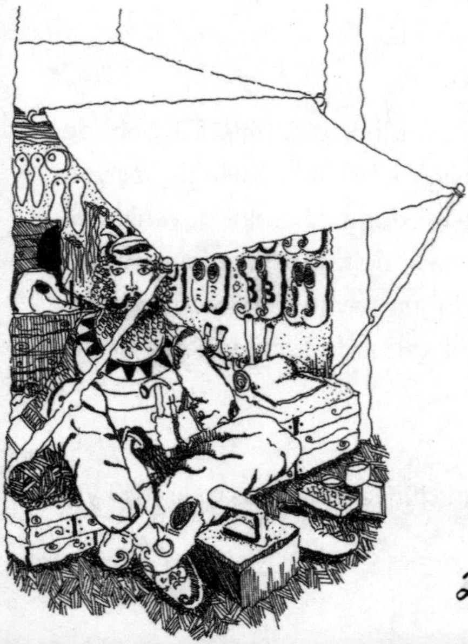

# Kör adam

Kör adam evden çıktığında geç olmuştu. Akşam güzel yemekler ve güzel sohbetlerle geçmişti. Artık gitme zamanıydı. Ev sahipleri kör misafirlerini karanlık sokaklara gönderecek olmaktan dolayı biraz huzursuzdular. "Sokaklar çok karanlık, yanına bir fener al" diye ısrar ettiler. "Fenerli veya fenersiz, sokaklar benim için hep karanlık" diye cevap verdi. "Olabilir ama fener taşırsan başkaları seni görür ve onların sana çarpmalarını önlemiş olursun." Kulağa mantıklı geliyordu. Böylece kör adam eline feneri aldı ve sokaklarda yürümeye başladı. Normalde kimseye çarpmamak için fazlasıyla dikkat etmesi gerekirken bu fener sayesinde insanlar onu görüp kendi kendilerine yolundan çekiliyorlar gibiydiler. "Ne kadar pratik!" diye düşündü. Diğer yayalar için endişelenmeyi bırakıp daha hızlı yürümeye başladı.

Çok sert bir şekilde birine çarptığında yolu yarılamıştı. Neredeyse dengesini yitiriyordu.

"Hey, oradaki, fenerimi görmüyor musun?" diye bağırdı.

"Kardeşim, fenerin yanmıyor. Rüzgâr söndürmüş olmalı. Nasıl görebilirim?"

Kör adam özür diledi ve diğeri onun için feneri yakmayı önerdi. Eve doğru yoluna devam etti.

Biraz daha gitmişti ki kör adam yine birine çarptı. "Hey, kardeşim, fenerimi görmüyor musun?"

"Özür dilerim" diye cevapladı öteki, "Ben körüm ve ben de bir fener tutuyorum. Bu sayede beni göreceğini ve yolumdan çekileceğini umuyordum."

**Mesaj:** Ana odaklan.

Koruyucu önlemler sahte bir güven hissi yaratır. Hayatına yön verirken ne kadar dikkati olursan ol; ne kadar plan yapıp, ölçüp tartarak önlem alırsan al yine de anda var olmalısın. Çevrenin, insanların, hayvanların, etrafındaki doğanın ne kadar farkındasın? Şu anki koşullarının içinde ne kadar varsın? Planlarını unut, ana odaklan!

**Seyir Defteri:**

1- Kör noktaların neler?

2- Bu körlüğü telafi etmek için ne tür taktikler uyguluyorsun?

3- Farkındalığının olmadığı alanlarda başkalarının sana doğru daha çok adım atmaları gerekiyor mu?

**Alıştırma:** Hislerini aç.

Otur, gözlerini kapat, bütün hislerini aç. Ne duyuyorsun, teninde ne hissediyorsun, nelerin kokusunu alıyorsun, nefes alıp verişin içindeki manzarayla ilgili neler söylüyor, organların sana ne anlatıyor, kaslarını ve uzuvlarının nerede olduğunu hissedebiliyor musun? Tamamen farkında olmaya, dış ve iç dünyanda tamamen var olmaya çalış.

**Alıntı:**

Karanlıkta ışıkla yürümek, ışığı bilmektir.
Karanlığı bilmek için ışıkları söndür.
Görmeden ilerle ve karanlığın da
Serpildiğini, şakıdığını
Kara ayaklarla ve kara kanatlarla geçildiğini gör.

Maya Angelou

# Değerli taşlar

Ling, küçük yaşlardan beri hep mücevherci olmak istiyormuş. Ne zaman bir mücevher dükkânına girse incelikli işlemeler başını döndürüyor, taşların parlaklığı onu büyülüyor, renkler kendinden geçiriyormuş. Kendisini bir masada oturmuş, müşterilerinin getirdiği taşları bir uzman gibi incelerken ve bilgili bir şekilde taşlara değer biçerken hayal edebiliyormuş. "Bu taş" diyecekmiş, "bir kuruş bile etmez. Kesimi güzel ama taşının çakıldan farkı yok!" Taşı getiren kişinin hayal kırıklığına uğramış suratını bile adeta görür gibiymiş. Birilerinin değerli taşlarına çakıltaşı demek ha! Ama kimse onunla tartışmaya cesaret bile edemeyecekmiş; herkes ününü öyle çok duymuş olacakmış ki ikinci bir görüş almaya gerek duymayacaklarmış.

Böylece bir ustaya çıraklık etme zamanı geldiğinde hiç tereddüt etmeden babasına onu şehirdeki en iyi mücevherciye, söz konusu taşlar olduğunda bütün bölgede sözü kanun sayılan yaşlı bir adam olan Yu Usta'ya götürmesini söylemiş. Yu Usta yeni çırağına şöyle bir bakmış.

"Duyduğuma göre taşları öğrenmek istiyorsun" demiş.

"Evet, taşlarla ilgili her şeyi öğrenmek istiyorum. Onları senin kadar iyi tanımak istiyorum."

"Tamam öyleyse. Al sana bir yeşim parçası. Onu bir yıl avucunda tut ve sonra beni görmeye gel."

Ling biraz şaşırmış. Birkaç ay geçmeden artık tezgâhın arkasında duracağını ve bütün taşları tanıyor olacağını düşünüyormuş. Sadece bir yeşim mi? Bütün bir yıl. Ve ona verilen görev taşı şekillendirmek bile değilmiş; sadece avucunda tutmakmış. Hiç de beklediği gibi heyecanlı değilmiş verilen iş ama bunun bir sınama olabileceğini düşünmüş. Bu yüzden hayal kırıklığını gizleyip ustasının emirlerine uymaya karar vermiş ve taşı bir yıl boyunca avucunda sımsıkı tutmuş, parmaklarıyla hissetmiş ve uyurken bile elinden bırakmamış.

Bir yıl sonra Yu Usta'nın karşısına çıkmış ve taşı geri vermiş.

"Şimdi ne yapayım?"

Usta ona sadece başka bir taş vermiş ve bunu da bir yıl boyunca avucunda tutmasını söylemiş.

Ling daha fazla dayanamamış.

"Ne zamana kadar vaktimi avucumda çakıltaşları tutarak harcayacağım, ne zaman sanatını gerçekten öğretmeye başlayacaksın?" diye sormuş.

Konuşurken bir yandan parmaklarıyla avucundaki yeni taşı hissediyormuş ve kendiliğinden fark etmiş: "Hımm, bu yeşim değil."

**Mesaj:** Gerçekten içselleştirerek öğren.

Bir şeyi düşünsel olarak anlamakla bedeninin gerçekten onu bilmesi, onun bir parçan olmasına izin vermen arasında fark vardır. İçselleştirerek öğrenmek, bütün varlığınla öğrenmektir. Hızlı dünyamızda fikirlere ve kavramlara büyük bir açlıkla yaklaşıyoruz; yeni teoriler ve fikirlerle adeta sürükleniyoruz. Ama kendimizi gerçekten geliştirmek için düzenli alıştırma gerekir. Yeni fikirler mi edinmek istiyorsun yoksa gerçek ustalık peşinde misin? Hayatına nasıl daha fazla derinlik katabilirsin?

## Seyir Defteri:

Aşağıdaki kelimelerle ilgili serbestçe yazı yazmak için kendine iki dakika ver. Kronometreyi ayarla ve başladığı andan itibaren yazmaya koyul; iki dakika dolana kadar durma. Okuma, silme, hatta iki dakika boyunca kalemini kâğıttan kaldırma.

Kelime listesi (her biri için 2 dakika):

Derinlik

Yapaylık

Ustalık

Rutin

Alışkanlık

On dakikalık yazma süren bittiğinde hepsini baştan sona oku. Yazdıkların bir çabayı sürdürebilmekle ilgili sana ne söylüyor?

**Alıştırma:** Avucunun içi gibi bil.

Küçük bir nesne, bir taş, bir deniz kabuğu, bir fındık veya tohum seç. Kendini belirli bir süre boyunca onu keşfetmeye ada. Bu nesneyi olabildiğince sık elinde tut. Bir noktaya geldiğinde onunla ilgili bilinebilecek her şeyi keşfettiğini düşüneceksin. Alıştırmayı o noktanın ötesine taşıdığında neler olduğunu keşfet.

**Alıntı:**

Hayatı yaşama talimatları:
Dikkatini ver.
Şaşır.
Gördüklerini anlat.

Mary Oliver

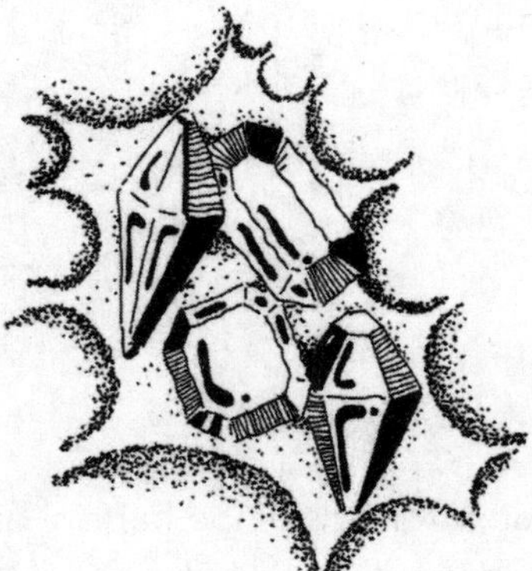

# İki Fare

Bir dolunay gecesiydi ve normal zamanlarda sobanın arkasında yaşayan fare topluluğu her dolunayda olduğu gibi o gece de kutlama yapmaya çıkmıştı. Dans ettiler, şarkı söylediler, tarlalarda yeni yakılmış buğday taneleriyle kendilerine ziyafet çektiler ve kuyudan taze su çektiler. O heyecanla iki fare dolunayda yüzmek için aşağı atlamaya karar verdi ama atlarken ayakları ipe takıldı ve ip onlarla beraber aşağı düştü. Bütün fareler kuyunun ağzında toplandı. "Ne yapacaksınız? Sizi yukarı çekemiyoruz! Asla çıkamayacaksınız! Taşlar kaygan, kuyu çok derin. Bittiniz. Ah sevgili kız kardeşlerimiz, sizi çok özleyeceğiz. Keşke yapabileceğimiz bir şey olsaydı. Ne yazık ki kaçınılmaz olanı kabul etmeliyiz; bu kuyudan çıkmanızın imkânı yok. Çok geçmeden bacaklarınız yüzmekten yorulacak ve dibe batacaksınız."

Bu arada iki fare de kaygan taşlardan yukarı tırmanmaya çalışıyordu. İkisi de aşağı kayıp duruyordu ve her düşüşlerine yukarıda yorumlar yapmaya devam eden kardeşlerinin gözyaşları ve sızlanmaları eşlik ediyordu. "Bacakları çok zayıf, gerçekten çabalıyorlar ama en

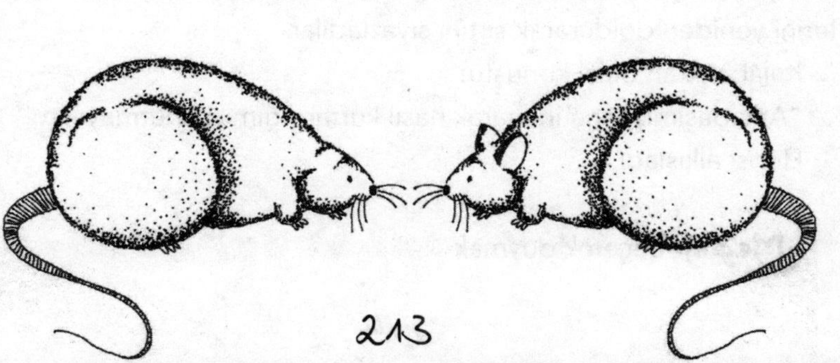

güçlümüz bile bunu başaramaz!" diyorlardı.

Kederli ağıtlar kuyuda yankılanıyordu. Kısa bir süre sonra farelerden biri vazgeçti ve kuyunun dibine battı. Ama diğeri vazgeçmedi. Düştü yeniden denedi, düştü bir daha denedi. Kaygan taşlara tutundu ve güvenebileceği tutma noktalarını öğrenmeye başladı. Yavaş yavaş yukarı doğru ilerledi. Sonunda kuyunun ağzına ulaşınca kucaklamalar ve alkışlarla karşılandı, zafer çığlıklarıyla eve taşındı. Ona sıcak bir içecek, havlular verdiler ve patlamış mısırlardan bir yatak yaptılar. Herkes ondan bir konuşma bekliyordu.

"Nasıl yaptın? Yukarıya tırmanmak nasıldı?"

"Ne?! Yüksek sesle konuş, biraz sağırım ben" diye cevapladı.

Yüksek sesle tekrarladılar ve sonunda ne sorulduğunu anlayınca cevap verdi: "Kardeşlerim, ben neredeyse sağır sayılırım ama şunu söylemeliyim ki orada hepinizin bana sözleriniz ve şarkılarınızla destek verdiğini görmeseydim bunu asla yapamazdım. Ne söylediğinizi tam olarak çıkaramadım ama hepinizin bana inandığı belli oluyordu. Eğer bana bu kadar güçlü bir şekilde inanmasaydınız başarılı olabileceğimi hiç sanmıyorum. Teşekkür ederim!"

Bu konuşmanın ardından hepsi sessizlik içinde donakaldılar.

İçlerinden biri minnettar fareye gerçekte kuyunun başında söylediklerini anlatacak mı diye bekliyor gibiydiler. Hiç kimse konuşmayınca hepsi kadehlerini kaldırdılar, günün kahramanına içtiler ve kadehlerini yeniden doldurarak sırtını sıvazladılar.

Kalabalıktan birisi konuştu:

"Arkadaşımızı ona inanarak nasıl kurtardığımızı unutmayalım!"

Hepsi alkışladı.

**Mesaj:** Seçerek duymak

Her ne kadar kendimizi başkalarının eleştiri ve onayına fazla önem vermediğimize inandırmaya çalışsak da sözler bacaklarımızı kesebilir ve kanatlarımızı koparabilir. Seçerek duyma sanatını uygulamaya çalış; seni koruyan ve cesaretlendiren sözcükleri gerçekten duy, seni aşağı çekenlere sağır ol. Bu uygulamanın hem çevrendeki insanlar hem de içsesin için geçerli olduğunu unutma.

## Seyir Defteri:

İhtiyacı olan biri için cesaret verici bir mektup yaz. Başkaları için cesaretlendirici sözcükler yazmak kendi cesaret verici sesini geliştirmenin bir yoludur. Genellikle kendimiz yerine başkalarının potansiyeline inanmayı daha kolay buluruz. Mektubu alıcısına ver, ona oku veya mektupta neler yazdığını ona anlat.

## Alıştırma: Boyalı taşlar

Üzerlerine cesaret verici sözler yazdığın renkli taşlar boya. Onları sakla veya hediye et. Hatta cebinde taşımak için de bir tane yapabilirsin.

## Alıntı:

Yaşam gücümüzün bedeli korkularımızın toplamıdır.

David Whyte

# Hedef

Prens, krallıktaki en usta okçu olmakla övünüyormuş. Bütün büyük ustalardan ders almış, ustalarının öğretilerini dikkatle uygulamış, tavsiyelerine iyice kulak vermiş ve hepsini teker teker geçmiş. Bunun mümkün olmadığını çok iyi bilse de bir başka ustayla karşılaşmayı umuyor, yine de yeni birinin karşısına çıkıp yeteneğini geliştirmesine yardımcı olmasını hayal ediyormuş. Sonuçta insan zirveye çıkınca yalnız kalıyormuş.

Bir gün, ücra bir bölgedeki ormandan geçerken bir kulübeye rastlamış. Kulübenin yanındaki okçu antrenman yerini hemen tanımış. Düzenli bir şekilde istiflenmiş oklar, bir usta tarafından yapıldığı çok belli olan ok başlarıyla birleştirilmek üzere güzel tüyler ve düzgün dallarla dolu bir kutunun yanında duruyormuş. Kulübenin etrafını dolaşan prens kendisini inanılmaz derecede kötü hissetmesine neden olacak şaşırtıcı bir manzarayla karşılaşmış. Evin arkasında en ulaşılamaz yerlere boyayla işaretlenmiş, bazıları ortalama büyüklükte ama çoğu neredeyse saçma denecek kadar küçük yüzlerce hedef görmüş. Bazı hedefler ağaçların en yüksek dallarına, bazıları engellerin arka taraflarına, masaların ve sandalyelerin arkasına veya sıradışı yerlere, bir yaprak öbeğine, bir paçavra üzerine işaretlenmiş. Asıl şaşırtıcı olansa her hedefin tam ortasına bir ok saplıymış. Mükemmel olmayan tek bir atış yokmuş. Bu, uzun zamandır beklediği usta olmalıymış. Her atış hedeflerin zorluğuna karşılık gelecek şekilde kusursuzmuş. Prens şaşkınlık içindeymiş. Sabırla yeni ustasının dönmesini beklemiş. Onu görür görmez eğilmiş ve bir öğrenci olarak kabul edilmeyi talep etmiş.

"Hmm, bir öğrenci. Hiç öğrencim olmamıştı. Benim ok atma yöntemim oldukça farklıdır ama mükemmel sonuç garantidir."

Prens çok sevinmiş ve dikkatle dinlemiş.

"Benim için hedef, insanın dünyaya okunu fırlatması kadar önemli değildir."

"Muhteşem!" demiş prens. "Lütfen biraz daha açıklayın!"

"Pekâlâ, işte şöyle yapıyorum. Temel hareketle başlıyorum: Oku iyice gerip bırakıyorum, kalbimin derinliklerinden gönderiyorum. Ok yerine ulaştıktan sonra da gidip etrafına hedefi işaretliyorum. Basit görünebilir ama en akıllıca yöntemler genelde öyledir."

**Mesaj:** Kalbinin derinliklerinden gönder.

Başarısızlık korkusuyla kendimizi ne kadar geri çekiyoruz? Belirli bir amaca veya hedefe ulaşmaya çalışmak yerine kalbimizin derinliklerinden gelen eylemleri serbest bırakmaya odaklansak ne olur? Üretkenlik, ilerleme ve insanın kalbiyle aynı hizaya gelmesinin en kolay yolu budur.

### Seyir Defteri: Serbest akış

Bir konu veya hedefi olmadan bir sayfa yazı yaz. Sayfayı sadece kalbinden gelen sözlerle doldur. Beklenti veya hedef olmasın. Yazmayı bitirdiğinde yazdıklarını oku ve yazına bir başlık koy. Eğer başlıkla başlasaydın bu hedeflenen başlığa bu kadar uyan bir yazı yazamazdın.

### Alıştırma: Amaçsız yürüyüş

Yaşadığın yerde yürüyüşe çık. Nereye gideceğine önceden karar verme, yanına harita alma. Bırak sokaklar sana rehberlik etsin; gözlerin seni sıradışı sokaklara, dükkânlara götürsün. Kulaklarını takip et; seni çağıran binalara git. Sadece saf ve tam bir amaçsızlığın tadını çıkar. Bu yürüyüş hedef odaklı dünyamızda gerçekten ilaç gibi gelecektir.

### Alıntı:

Ok ancak geri doğru çekilerek fırlatılabilir.

Anonim

# Ekmeği paylaşmak

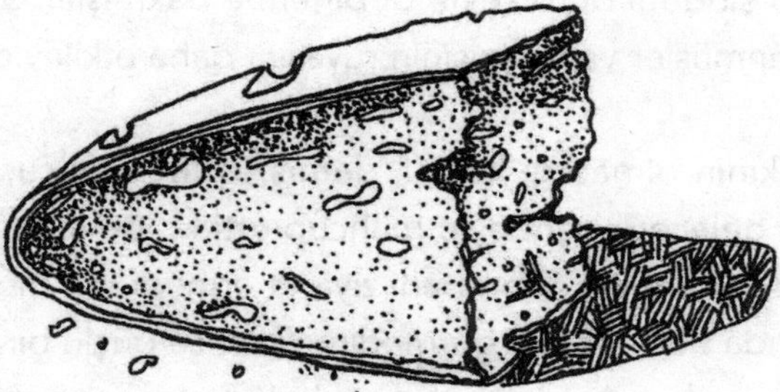

Sonu gelmeyen yoldaki üç yolcu, bir akşam çantalarında son bir parça ekmek kaldığını fark etmişler. Nasıl paylaşacaklarını bilemeyerek kararı ertesi güne bırakmışlar. Ertesi sabah birbirlerine rüyalarını anlatmayı ve ekmeği kimin alacağını rüyaların belirlemesini kararlaştırmışlar. Sabah olunca bir araya gelmişler. Birinci yolcu rüyasını anlatmaya başlamış: "Rüyamda yanıma bir melek geldi, beni avucuna aldı ve gittiğim her yeri, yardım ettiğim herkesi, değiştirdiğim her hayatı yeniden gösterdi. Sonra gözünde bir damla yaşla melek bana dedi ki; 'Yolun öyle iyi ve sadık bir hizmetkârı oldun ki bu ekmeği yemeyi hak ediyorsun.' Ve beni tekrar yatağıma yatırdı."

Anlatmayı bitirince sanki başka kimsenin bu kadar harika bir rüya görmüş olamayacağından eminmiş gibi, ekmeği almaya gitmek üzere ayağa kalkmış. Ama ikinci yolcu onu yerine oturtmuş ve kendi rüyasını anlatmaya başlamış:

"Rüyamda Tanrı'nın kendisi bana geldi ve beni avucuna alıp gideceğim yerleri, yardım edeceğim insanları, dokunacağım bütün hayatları gösterdi ve bana, 'Sana büyük bir görev verildi. Bu ekmeği yemeyi hak ediyorsun çünkü burada sana daha çok ihtiyaç var' dedi. Sonra beni hafifçe yatağıma bıraktı."

İki yolcu şiddetli bir öfkeyle birbirlerine bakmışlar. Sonra üçüncü yolcuya dönmüşler ve hangisinin rüyasını daha etkileyici bulduğunu sormuşlar.

"Benimkinin olmadığı kesin" demiş üçüncü yolcu. "İkinizin de geçmiş ve geleceği beni öyle mahcup etti ki. Benim rüyam sizinkilerden çok daha basit. Tanrı beni ziyaret etmedi, bir melek de yollamadı. Aslında ben kimseyi görmedim. Sadece güçlü bir varlık hissettim. Beni uyandırdı, kaldırdı, ekmeği bulup onu yemeye zorladı. Ben de öyle yaptım."

**Mesaj:** Kalbin çağrısına uy.

Kalbinin söylediklerini yapman için kendini haklı çıkarmaya veya başkalarının onayını beklemeye ihtiyacın yok. Gerçek bir çağrı seni uyandırır ve yolunu değiştirir. "Bunun için doğru insan mısın? Bunu senden çok hak eden biri var mı? Önce izin mi almalısın?" Bu sorular konuyla ilgisi olmayan boş düşüncelerdir. İçinden kalkıp yapmak geliyorsa yap!

**Seyir Defteri:**

1- Neye açlık duyuyorsun?

2- Dört liste yap: Zihnini, bedenini, ruhunu, çevreni nasıl besliyorsun, yaz.

**Alıştırma:** Bir günlük meyve orucu

Sindirim sistemi sadece besinleri sindirdiğimiz yer değildir. Aynı zamanda sezgisel aklımızdır ve bazıları sindirim sisteminin ikinci beynimiz olduğunu söyler. Duygularımız ve ilk tepkilerimizle derinden bağlantılıdır. Modern beslenme tarzı hazımsızlığa ve şişkinliğe neden olur, sindirim sistemimize öyle ağır bir yük yükler ki sezgilerimize artık eskisi gibi güvenemeyiz. Sindirim sistemini bir günlük meyve orucuyla temizle. Eğer bunu daha önce hiç yapmadıysan meyve orucu hakkında daha fazla bilgi edinmeye çalış. Sindirim sistemimiz temiz ve rahat olduğunda kararlarımız daha net ve gerçek amacımıza daha uygun olur.

**Alıntı:**

İste, sana verilecektir; ara, bulacaksın; çal, kapı sana açılacak.

Matta 7:7

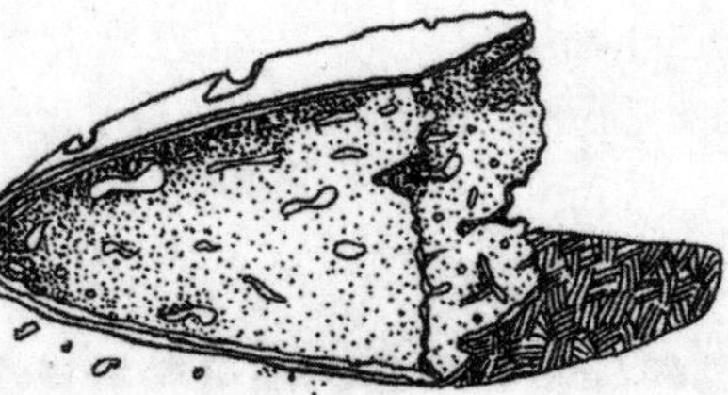

# Bolluk günü

Köyün birinde fakir bir çiftçi yaşarmış. Tarlası sadece kendisini beslemeye yetiyormuş. Her gün Tanrı'nın ona bolluk ve zenginlik vermesi için dua ediyormuş. Tanrı'ya bir de yol gösteriyormuş: "Bak Tanrım, yarın gidip şu ağacın altını kazacağım. Neden oraya geceden bir hazine koymuyorsun? Ben de sabah bulurum. Söz veriyorum, yarısını ülkenin en fakirleriyle paylaşacağım."

Bir gün köye arkası altın yüklü bir at arabası gelmiş. Parıldayan altın yığınının tepesinde altından bir kral oturuyormuş. Her yanı parlıyormuş.

Çiftçi, "Sonunda dualarım kabul oldu. Tanrı bu bir araba dolusu altını bana göndermiş olmalı" diye düşünmüş.

Ve at arabası gerçekten onun önünde durmuş. Ama kral ona altın vermek yerine açık elini uzatmış ve "Bana verecek neyin var?" diye sormuş.

Çiftçi çok şaşırmış. Neden ona bir şey versinmiş ki? Söylene söylene elini taşıdığı ağır pirinç çuvalına daldırarak krala tek bir pirinç tanesi uzatmış. Kral da ona teşekkür ederek yoluna devam etmiş.

Kralın gidişinden sonra çiftçi eve dönmüş ve kendine öğlen yemeği hazırlamak için bir avuç pirinç almış. Ve avucundaki beyaz pirinç tanelerinin arasında tek bir altın pirinç tanesi olduğunu görmüş. Çiftçi bir pirinç çuvalına bir de altın pirinç tanesine bakmış ve ne kadar az verip karşılığında ne kadar az aldığını görerek ağlamış.

**Mesaj:** İstediğin kadar paylaş.

Dünya bolluk doludur ve bu bolluk paylaşmakla artar. Paylaşmaz ve biriktirirsen enerjinin içeri girmesini de engellersin. Esirgeme, elindeki bolluğu, fırsatları, zamanını, ekmeğini paylaş. Hiçbir karşılık beklemeden paylaşmak, hayata "teşekkürler" demenin harika bir yoludur ve gerçek anlamda şükran duymamızı sağlar.

**Seyir Defteri:**

1- Senin için bolluk nedir?
2- Hayatına ne tür bir bolluk çağırıyorsun?
3- Hayatında cömertliğin yeri ne?

**Alıştırma:** Hediye çemberi

Hayattaki en önemli şeyler bedavadır. Maddi şeyleri biriktirdiğimizde enerjimiz azalır. Paylaşmak ve vermek, dünyanın doğal bolluğunu hayatımıza geri almanın yollarındandır. Evlerimiz artık ihtiyacımız olmayan ama atamayacak kadar sevdiğimiz giysiler ve eşyalarla dolu. Bir bolluk akışı yaratmak için onları sevgiyle içinde yaşadığımız topluluğa bıraksak nasıl olur? Evinde bir hediye çemberi düzenleyip arkadaşlarını davet edebilirsin. Herkes kendi dolabından ve raflarından kullanmadıklarını getirebilir. Herkes çoğaldığını hissedecektir. Bunu denemeye gönüllü az sayıda insan olsa bile başla. Çember beklediğinden hızlı büyürse şaşırma.

## Alıntı:

Hayatın anlamı hediyeni bulmaktır. Hayatın amacı onu vermektir.

Pablo Picasso

# Kara prens

Adı Rüzgâr'dı. Rüzgârla esen bir dua gibi insanların saçlarını dağıtıyor, kalplerini açıyordu. Ama yine rüzgâr gibi bir türlü uslanmıyor veya işe yarar bir şey ortaya koymuyordu. Bir neyzendi ve günlerini her yönden esen rüzgârları yani öğretmenlerini dinleyerek geçiriyordu. Sokaklara, tepelere, derelere, çayırlara ezgilerini sunuyordu. Annesi bir iş bulması, yuva kurması için sıkıştırıyordu. "Hangi kadın senin gibi bir hayalperestle evlenmek ister?" diyordu ve ağlıyordu.

O ise rüzgârla dans edeceği yeni bir güne koşmak için evden çıkarken, "Ben dünyaya âşığım, bütün kadınlara, bütün ağaçlara. Hiçbir şey istemiyorum" diye cevaplıyordu.

Bir gün bir kayanın üstünde oturmuş kalbindekileri dereye dökerken suyla beraber akan inci gibi bir kahkaha duydu. Kayanın üzerinden baktığında sultanın kızının yardımcılarıyla birlikte yıkandığını gördü. Bu, hayatında gördüğü en güzel manzaraydı.

Kayanın arkasına saklandı ve güzel müziğini çalmaya başladı. Aşkını neyiyle duyurdu. Ertesi gün onu tekrar görmeyi umarak aynı yere ney çalmaya gitti. Prenses yine yıkanmaya gelmişti ve Rüzgâr da yine neyiyle kalbinin çektiği özleme ses verdi. Her gün gelip burada ney çalıyor ve görünmeden onu izliyordu. Sultan'ın kızı her gün yıkanmaya geliyordu. Aşkın tohumları serpildi; filizken bir çalı oldu ve çok geçmeden göğsünde vahşice büyüyüp kalbini sarmaya, dikenlerini batırmaya başladı. Rüzgâr artık yemek yemiyor, uyuyamıyordu. Sadece kayanın arkasında aşkını neyiyle üflerken huzur buluyordu. Zayıflamaya başladı, annesi endişeleniyordu. Normalde neşe dolu ve hayata âşık olan oğlu sessiz ve mutsuz biri haline gelmişti.

Günler geçti, sonbahar geldi. Rüzgâr sararmış bir yaprak gibi incelmiş ve hafiflemişti. Bir gün güçlü bir rüzgâr geldi ve onu alıp götürdü. Öğretmeninin kucağında uçtu ve en yüksek dağın tepesindeki rüzgârlar evine geldi. Orada onu rüzgârların annesi bekliyordu.

"Rüzgâr, oğlum, sen çocuklarımın en sadık öğrencisisin. Seni kendi çocuğum gibi görüyorum. Kalbini burkan nedir, söyle bana. Benden ne dilersen dile, hemen gerçekleştireyim" dedi.

Böylece Rüzgâr kalbini açtı ve kalbinin etrafını bürüyen aşk dikenlerini gösterdi. "O bir sultan kızı. Sultan onu ya zengin bir kralla ya da cesur bir askerle evlendirir. Ben ikisi de değilim. Beni gelmiş geçmiş en yiğit ve cesur asker yap. Bana yüz adamın gücünü ve hedefini hiç ıskalamayan bir yay ver. Şiddet ve ölüm karşısında asla çekinmeyen bir kalp ver."

"Rüzgâr, sen rüzgârken taşa dönüşmek istiyorsun. Bunu yapabilirim ama bir daha dönüşü olmaz. Kalbine bak ve bu istediğinin doğru olup olmadığını sor ona. Yine de hâlâ bunu istiyorsan bana en çok sevdiğin şeyi ver, kalbini değiştireyim."

Rüzgâr hiç tereddüt etmeden çok değerli neyini, en sadık dostunu rüzgârların annesine uzattı. Ney elinden fırlayıp etrafında gittikçe daha hızlı bir şekilde dönerek bir hortum yaratmaya başladı. Rüzgârlar evinin tozları kalktı ve Rüzgâr etrafını görememeye başladı. Sonra da bayıldı.

Uyandığında çöldeydi. Kırılmış neyin parçaları etrafa saçılmıştı. Ayağa kalktı. Vücudunu farklı hissediyordu. Kolları geniş, sırtı düzdü. Giysileri bir kara prensin giysileriydi. Şehre doğru yola çıktı. Saatlerce yorulmadan, sıcak, susuzluk veya açlık hissetmeden hızlı hızlı yürüdü. Şehre vardığında bir telaş havası sezdi. İnsanlar sokaklarda fısıldaşıyordu, dükkânlar kapalıydı, bazıları eşyalarını toplamış kaçmaya çalışıyordu. Korkunç bir ordunun şehri ele geçirmeye hazırlandığını öğrendi. Hemen saraya koştu. Sultan'ın huzuruna çıktığında heyecanla çalkalanan oda sessizleşti. Bütün başları kendine döndürecek kadar güçlü ve korkutucu bu güzel adam kimdi?

"Sultanım, bana en iyi yüz askerinizi verin, krallığınızı tehdit eden orduyu yeneyim" dedi.

Sultan duyduklarına inanamayarak, "Yüz mü? Yaklaşan orduda on binlerce asker var ve sen onları yüz kişiyle mi yeneceğini söylüyorsun?" diye sordu. Ancak kara prensin gözlerindeki bir şey daha fazla konuşmasına izin vermedi. Emirleri verdi ve kara prens kısa bir süre sonra Sultan'ın en iyi atını işgal ordusuna karşı sürüyordu.

Kanlı bir savaş oldu. Orduyla karşılaştıklarında bir rüzgâr onlara eşlik etti. Askerleri kara prensin gökyüzü gibi genişlediğini, attığı her okla on düşman vurduğunu söyledi. Liderlerinden etkilenip kan kokusuyla heyecanlanan askerler her zamankinden daha cesurca savaştılar. Ve güneşin toz ve rüzgârlar arasından hiç yüzünü göstermediği üç kanlı günden sonra bir sessizlik, derin, ancak ölümün dansından sonra gelen türden bir sessizlik çöktü. Sonra kara prens askerleriyle birlikte yeniden şehre girdi. Başlarından çiçek yaprakları yağıyor, şarkılar söyleniyor, insanlar üzerinden geçtikleri toprağı öpüyordu. Sultan onları sarayın kapısında bizzat karşıladı. Ve onu nasıl ödüllendirebileceğini sorduğunda kara prensin söyleyecek tek bir sözü vardı: "Kızın."

Sultan sevindi. Kızına daha iyi bir talip bulamazdı. Böyle cesur, böyle güçlü, krallığı korumak için her şeyini feda edecek bir adamı nereden bulabilirdi? Ayrıca asil tavırları ve derin bakan gözleriyle güzel bir adamdı. Hemen kabul etti.

Ve kızı huzura getirildi.

Ertesi gün kara prens ve prenses bahçede buluştular. Prens diz çöküp prensesin elini tutu ve ona aşkıyla yandığını söyledi.

Kız kafasını çevirip konuşmaya başladı: "Ben prensesim. Ve babam kimi seçerse onunla evlenmek zorundayım. Ülkemize büyük hizmet ettin ve seninle evleneceğim. Sana karşı iyi ve uysal olacağım. Ama kalbim asla senin olmayacak, çoktan başkasına verdim. Bana kızma. Sıradan bir gündü, nehirde yıkanıyordum ki güzel bir ezgi duydum. Bir kayanın arkasında bir adam saklanmış, gözlerini kapamış neyini üflüyordu. Şarkısı kalbimi açtı ve kalbime aşkın tohumunu ekti. Her gün onu tekrar görmeyi ve dinlemeyi umarak nehre gittim. Hep oradaydı. Müziği günden güne güzelleşiyordu. Ve tohum büyüyüp dikenli bir çalıya dönüşerek kalbimi sardı. Şimdi onu sıkı sıkı tutuyor. Karın olacağım ama kalbim sonsuza kadar bu aşkın hapsinde kalacak."

Rüzgârların annesi onu uyarmıştı. Sihir geri çevrilemezdi. Kaya gibi sert adamın dudaklarından bir ah, rüzgârların en küçüğü çıktı. Ve hiçbir şey söylemeden başka savaşlara, başka zaferlere ve kendi kalbinden olabildiğince uzağa gitmek üzere atına atlayıp saraydan ayrıldı.

**Mesaj:** Özgün ol.

Sosyal olarak kabul görmek yerine özgün olmayı seç. Bir maskenin ardında kazanılan hiçbir zafer tam olarak mutluluk vermez. Aktörün yalnızlığı kadar büyük bir yalnızlık, olmadığın bir şey için sevilmek kadar büyük bir reddediliş yoktur. Özgün sesini bul. Söylemen gereken o tek değerli şarkıyı, dokumaya ekleyeceğin o renkli ipliği bul. Dünyanın dengesi ancak herkes hayatın büyük resmine kendi rengiyle gerçek bir katkı sağlarsa kurulabilir.

**Seyir Defteri:**

1- Dünyaya sadece sana özgü bir şekilde nasıl katkı sağlıyorsun?

2- Hoşuna giden ama çevren tarafından gereksiz bulunduğu veya uygunsuz görüldüğü için yapmaktan vazgeçtiğin bir şey var mı?

3- Uyum sağlamak zorunda kaldığın, sosyal baskı altında hissettiğin durumlar nelerdi?

**Alıştırma:** Elementini bul.

Doğal elementin ne? Hangi doğal elemente kendini yakın hissediyorsun? Yağmur, şimşek, ağaç, kaya... Her bir doğal elementi gözünde canlandırmak ve hissetmek için zaman ayır ve onlarla nasıl bir bağ kurduğunu gözlemle. Her bir element kişiliğinin hangi yönlerini su yüzüne çıkarıyor?

**Alıntı:**

Sonunda önemli olan üç şey vardır: Ne kadar sevdiğin, ne kadar nazikçe yaşadığın ve senin için anlamı olmayan şeylerden ne kadar zarif bir şekilde vazgeçtiğin.

Jack Kornfield

# Âşık karınca

Bir gün büyük kral Süleyman çölde yürüyor, devlet sorunlarını ve aşkın acılarını düşünüyormuş. Öğlen güneşi altında kavurucu derecede sıcak kumda koşturan bir karıncayla karşılaşmış. Gözlerini görünmeyen bir hedefe odaklamış, bir yerlere doğru koşuyor gibiymiş. Kral, karıncanın gittiği yöne bakmış ama sonsuz kum tepeciklerinden başka bir şey görmemiş. Bu yalnız karınca nereye gidiyormuş acaba ve evinden, sürüsünden nasıl bu kadar uzağa düşmüş?

Kral hayvanların dilini konuşabildiğinden sormak için karıncayı eline almış. Ama tam yukarı kaldırırken karınca, "Büyük kral, beni yere koy, amacıma ulaşmama engel olma! Ceylanları takip ediyorum, onlardan uzak kaldığım her an kalbime acılar saplanıyor. Beni yoluma bırak" demiş.

Kral gülse mi ağlasa mı bilememiş.

"Ceylanlar mı? Senin gibi bir toz tanesi o zarif ceylanlardan ne anlar? Gözlerin hiç bir bakışta güzelliklerinin tamamını görebildi mi ki?"

"Büyük kral, gölgelerinin üzerimden zarafetle, su gibi akarak geçtiğini gördüm. Ve o zamandan beri kalbim o güzelliği tekrar görmek için çırpınıyor."

"Onlara nasıl ulaşmayı umuyorsun? Senin için geçmesi aylar sürecek bir tepeyi bir atlayışta geçer onlar. Kumda bıraktıkları ayak izine gömülürsün. Kendi işine bak sen, karınca gibi yaşa. Topla, biriktir, kalabalıkta saklan. Senin gibi küçük bir varlık dünyaya hayallerin gölgesini takip etmeye değil kalabalığın korumasında kalmak için gelir."

"Büyük kral, beni yere koyman için yalvarıyorum. Korunmayı umursamıyorum; bir ceylanın ayak izlerinde olduğu sürece ölüm bana tatlı gelir."

**Mesaj:** Ruhunun pusulasını takip et.

Ruhumuz güvenlik ve konfordan çok daha fazlasını arzular. Güzelliğe uzanan bir pusula gibidir. Senin ruhun neyi arıyor? Ona kulak ver, onu takip et.

## Seyir Defteri:

1- Sana güzel gelen şeyler nelerdir? Dışarıda bir yürüyüşe çık ve güzel bir şey bul. Onu en az beş dakika incele. Sonra seyir defterine onu anlat. Bitirdiğinde yazdıklarını oku ve kendine sor: "Dışarıda gördüğüm bir güzellik nasıl benim bir yansımam olabiliyor?"

2- Senin ceylanların neler?

**Alıştırma:** Hac yolculuğu

"Hacı gördüğünü, turist görmeye geldiğini görür" derler. Her zaman gerçekten görmeyi istediğin bir yere hac yolculuğu gibi bir yolculuğa çık. Daha önce gitmediğin, zihninden çok ruhunu canlandıran bir yer olmalı bu. Hac yolculuğunda gideceğin yer, evinden başka bir yerde, en az bir gece geçireceğin kadar uzak bir mesafede olmalı. Eğer yanında birini götüreceksen bu kişi de turist değil hacı ruhuna göre davranmayı kabul etmeli. Defterini çıkar ve ruhunun hayran kaldığı, güzel bulduğu, titreşiminin uyduğu şeyleri yaz. Bu yolculuğu dilediğin kadar sihirli ve törensel yapabilirsin. Örneğin yanına olabilecek en az miktarda eşya al, yol boyunca sade yaşam yeminine uy ve harcama yapma, bir hacı asası al, gideceğin yerlere olabildiğince yürüyerek git, gitmeyi hedeflediğin yeri temsil eden bir nesne taşı.

### Alıntı:

Hiç aklından çıkarma İthaka'yı.
Oraya varmak senin başlıca yazgın.
Ama yolculuğu tez bitirmeye kalkma sakın.
Varsın yıllarca sürsün, daha iyi;
Sonunda kocamış biri olarak demir at adana,
Yol boyunca kazandığın bunca şeylerle zengin,
İthaka'nın sana zenginlik vermesini ummadan.
Sana bu güzel yolculuğu verdi İthaka.
O olmasa, yola hiç çıkmayacaktın.

C.P. Kavafis, İthaka (Cevat Çapan çevirisiyle)

# Bilgenin kuşu

Juna, bilgeliğini öğrencileriyle, krallarla, gezginlerle ve hacılarla paylaşan, saygıdeğer bir öğretmenmiş. Bir gün tavsiyelerinden yarar gören bir tüccar teşekkür etmek istemiş ve ona güzel, nadir bir kuş getirmiş. Dünyanın diğer ucunda bir ormanda yakalanmış olan bu kuşun altından tüyleri ve bir opera sanatçısından daha güzel bir sesi varmış. Çok değerli bir hediyeymiş kuş ve tüccar da seçkin bilgeye böyle asil bir hediye verdiği için gurur duyuyormuş.

Bilge, yüzünde çocuksu bir gülümsemeyle kuşa bakmış. Herkes kuşu ne kadar sevdiğini görmüş. Kuşu iki avucuna alıp kulağına yaklaştırmış, şarkısını dikkatle dinlemiş ve gözleri ışıldayarak pencereye gitmiş, kuşu salıvermiş. Uçup giderken keskin bir çığlık atmış kuş.

Tüccar şaşkınlıkla, "Bilge, ne yaptın? Hediyeni beğenmedin mi?" diye sormuş.

"Beğenmek mi? Bence bu eve gelen en güzel hediyeydi. Bu kuşu bütün kalbimle sevdim ve bütün kalbimle dinledim. Kulağıma, 'Lütfen Juna, bana duyduğun sevgiye ihanet etme. Aramıza kafes girmesin. Beni serbest bırak' diye fısıldadı. Söyledikleri doğruydu; bu yüzden bana söylediği gibi yaptım. Değerli dostum, onu saldığımda nasıl mutlu olduğunu duymadın mı? Sen bana bir kuştan fazlasını verdin. Bana bir kuşun hayır duasını verdin."

Ertesi sabah Juna duyduğu güzel bir melodiyle uyanmış. Kuş onu selamlamak için geri gelmiş. Juna ona biraz çekirdek ve su vermiş; kuş elinden yiyip biraz daha şarkı söylemiş.

Ve mübarek adamın ömrünün her gününde bu böyle devam etmiş. Her sabah kuş ve öğretmen çekirdeği, sözleri, şarkıları paylaşmışlar. Birbirlerine eşlik ettikleri huzurlu anlar geçirmişler. İnsanlar Juna'nın kalbini bu kuşa başka her canlıdan daha fazla açtığını söylüyormuş.

Bilge adam öldüğünde kuş açık pencereden içeri girmiş, yaşlı adamın açık avucuna yatmış ve onunla ölmüş.

Şehirdeki âlimler yıllar boyunca şu soruyu tartışmışlar: "Gerçekte hangisi diğerini serbest bıraktı; kuş mu bilge mi?"

**Mesaj:** Sevgi, güven ve özgürlüktür.

Arzu nesnemizi her korumaya çalıştığımızda, sevgiyi elimizde tutmak için yarattığımız her kafeste, terk edilme korkusuyla attığımız her düğümde sevgi duygusuna ihanet etmiş oluruz. Sevgi, saf kalp enerjisidir. Yönlendirilmeye, yalanlara ve korkuya katlanamaz. Sevgiyi sevgi için yaşamalıyız.

## Seyir Defteri:

1- Hayatında sevgiyi hangi yollarla garanti altına almaya çalışıyorsun?

2- Hayatında sevildiğini en çok hissettiğin anlar hangileri?

3- Hayatında seni kim ve ne serbest bıraktı?

## Alıştırma: İçindeki çocuk

Terk edilme korkumuz genellikle çocukluğumuzdan kaynaklanır. Yetişkin halinle çocuk halin arasında bir diyalog yaz. Yetişkin olarak yazarken her zaman yazı yazdığın elini, içindeki çocuk olarak yazarken diğer elini kullan.

İçindeki çocuğa terk edilme deneyimini sor.

İçindeki çocuğa sevgiyle ilgili korkularını sor.

## Alıntı:

Sevgi sahiplenmez, özgürleştirir.

Rabindranath Tagore.

# Gözdeki leke

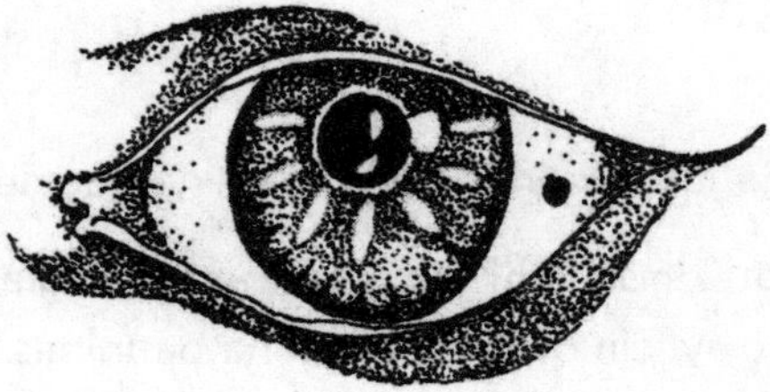

Hermione krallıktaki en güzel kadındı. Şairler ve şarkıcılar hep onun güzelliğine övgüler düzen şeyler yazıyor, söylüyordu. Uzun, ipek gibi saçları mücevherlerle bir tutuluyordu. Ona abayı yakmış pek çok asilzade ve tüccar, Hermione'ye ait olduğu, hatta değerli gözyaşlarını onlara sildiği söylenen mendilleri alabilmek için bir servet ödüyorlardı.

Hermione'nin bütün vücudunda mükemmel olmayan belki tek bir nokta vardı ama bu nokta o kadar belli belirsizdi ki sadece mükemmelliğini tamamlıyordu. Sağ gözbebeğinin yanında küçük bir siyah nokta vardı. Bu nokta o kadar küçüktü ki bir sürü talibi içinden biri bile fark etmemişti.

Aylarca naz yaptıktan sonra Hermione bir kontla evlendi. Babası kontun varlığını, annesi yakışıklılığını onaylamıştı. Hermione ise sadece peşindeki talip ordusundan ve kulaklarına işkence eden ayışığı serenatlarından kurtulacağına seviniyordu.

Kocası ilk birkaç ay boyunca ona tapıyordu. Zamanla sevgisi azalmaya başladı. Birkaç yıl sonra Hermione ona bahçede çay doldururken kocası ona baktı ve "Biraz yaklaşsana. Gözündeki o leke de ne?

Ne zamandan beri böyle sevimsiz bir leken var senin?" diye sordu.

Kocasının, doğduğu günden beri taşıdığı bu kusurunu ilk kez fark ettiğini duyunca Hermione, üzüntüyle gülümsedi ve cevap verdi: "Sevgili kocam, o leke sadece beni sevmekten vazgeçtiğinden beri orada."

**Mesaj:** Romantik aşktan yetişkin ilişkisine geçmek.

Romantik aşk ötekinde ilahi gücü sevmemizi sağlayan büyülü bir deneyimdir. Birkaç ay için öteki sanki altına batırılmış gibi gelir bize. Ancak bu seviyede bir kalp enerjisini sürdürmek zordur ve bu enerji güçlü ve dayanıklı yetişkin ilişkileri yaratmaz. Asıl mesele, romantik aşkı iki yetişkin arasındaki özel, sevgi dolu ilişkiye dönüştürmektir. Tutkumuzun olgunlaşmasına, eski bir şarap gibi tadının güzelleşmesine izin verebilir miyiz; birlikteliğin daha fazla yakınlık getirecek ve yıllarla derinleşecek yeni seviyelerine kucak açabilir miyiz? Bunu başardığımızda büyük bir mutluluk da gelir.

**Seyir Defteri:** Altın gölgeni keşfet.

Romantik aşk deneyimi bir başkasına, içimizde taşıdığımız (yoksa onu tanıyamazdık) ama sahiplenemediğimiz bir güzelliğe hayran olduğumuz bir zaman dilimidir. Zayıflıklarımız ortaya çıkarken içimizdeki bu güzelliği itiraf etmekten korkarız.

1- Sevgililerinin (geçmişteki ve şimdiki) sende hayranlık uyandıran özelliklerini listele. Benzer derecede tutkuyla hayran olduğun başka insanların özelliklerini de ekleyebilirsin.

2- Listeni tamamladığında kendine sor: Acaba bunlar kendimde farkına varmadığım özellikler olabilir mi? Bu özelliklerden kendime pay çıkarabilir miyim?

3- Bu özellikleri hayatına daha fazla nasıl katabilirsin?

**Alıştırma:** Dünyaya aşk mektupları

Dünyaya aşk mektupları yaz. Mektuplarında insanlara, hayvanlara, minerallere, ağaçlara, gökyüzüne, bütün şehre hitap edebilirsin. Mektuplar ölçüp biçen zihninden değil korkusuzca seven kalbinden dökülsün.

**Alıntı:**

Bazen sana hayat vermeyen
Herhangi bir şey veya herhangi birinin
Senin için çok az olduğunu öğrenmek için
Karanlık ve yalnızlığının tatlı hapsine ihtiyacın vardır.

David Whyte

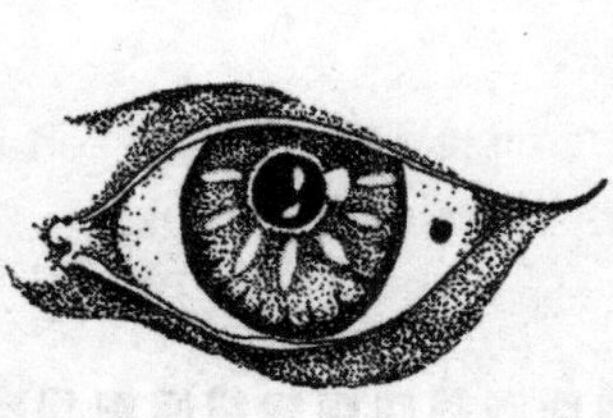

# Kaplanlardan korkan çocuk

Prens İskender parlak bir öğrenciydi. Felsefenin, kaligrafinin, dansın, müziğin, hukukun ve kılıç dövüşünün ustalarıyla çalışmış, kıvrak zekâsı ve çevik bedeniyle hepsini etkilemişti.

On beşinci yaş gününden bir gün önce babası yanına gelip geçmesi gereken bir sınav olduğunu söyledi. Prens karşısına ne çıkarsa çıksın başaracağından emindi. Ertesi gün babası şöyle dedi:

"Sarayımızın altında güneşin hiç girmediği demir bir kafes var. Ve orada senin sınavın için özellikle alınıp büyütülmüş, çok çok güçlü bir kaplan var. Bakıcıları onu savaşmak üzere eğittiler. Pençeleri çelik, dişleri hançer gibi. Senin görevin yanında sadece küçük bir hançerle kafese girmek ve bu kaplanı öldürmek. Ailemizde bütün krallar cesaretlerini kanıtlamak için bu sınavdan geçer."

Bu, prensin beklediği türden bir sınav

değildi. Biraz şaşırmıştı; kaplanı görebilir miyim diye sordu ve babası onu uzun, karanlık, dolambaçlı bir merdivenden indirdi. Prens, loş bir ışıkla aydınlatılmış kafesin arka tarafında parlayan, kırmızı bir çift göz gördü. Dev kaplanın korkutucu kükremesini duydu ve dizlerinin bağları çözülerek duvara yaslandı.

"Baba, ne kadar yürekli olduğumu başka bir şekilde kanıtlayamaz mıyım? Örneğin teolojide en iyi ustalara karşı bir tartışmayı kazanabilirim; güzel camimize yakışacak bir sanat eseri üretebilirim veya en iyi kılıç ustalarımızdan birini yenebilirim."

Babasının cevabı sertti: "Hayır oğlum, bu sınavın yerine başka bir sınav konulamaz. Bahsettiklerinin hepsi harika yetenekler ve bir kral için gerekliler. Ama bu kalbin için vereceğin bir sınav. Onları uygulayacak cesur bir kalbin yoksa dünyadaki hiçbir yeteneğin değeri yoktur."

"Baba, sen benim yaşımdayken kaplanı öldürmen ne kadar sürmüştü?"

"O kafeste çok uzun kalmadım. Babamı gururlandırdım" dedi kral.

Prensin tek istediği bu cehennem gibi karanlık yerden çıkıp gün ışığını görmekti. Bu yüzden babasına hazır olduğunda haber vereceğini söyledi ve merdivenlerden yukarı çıktı.

Prens o gece uyuyamadı. Gözünü her kapattığında parlayan bir çift kırmızı göz görüyordu. Korkuyordu.

Şafak sökmeden önce kararını verdi. Başka seçeneği yoktu, sarayı terk edecekti. Seyahat pelerinini giydi, biraz ekmek, biraz altın aldı, sessizce en sevdiği atına bindi ve bir prens olarak yaşadığı hayatını arkasında bırakıp dünyaya açıldı.

Birkaç gün gittikten sonra küçük bir sarayla karşılaştı. Yaklaşınca kapılar onun için açıldı ve hizmetliler atını saman dolu ahırlara götürürken onu da sarayın gül bahçelerinden birine buyur ettiler. Sarayın sahibi onu karşıladı ve misafirperverlik gösterdi. Güzel yiyecekler, fikir tartışmaları ve bahçede yürüyüşlerle günler gelip geçti. Prens bu yeni saraydaki hayatına alışmaya başlamıştı. Artık bütün ömrünü burada geçirebileceğini düşünüyordu ve bu değerli hayatını, küçük bir hançerle azılı bir canavarın karşısına çıkmayarak riske atmadığı için kendisini tebrik ediyordu.

Bir akşam dolunayın altında bahçede yürürken bir hırıltı duydu. Arkasına döndü ve karanlıkta net bir şekilde parlayan bir çift kırmızı göz gördü. Koşabildiği kadar hızlı bir şekilde saraya koştu ve kapıyı arkasından kapattı. Yatak odası penceresinden aşağıdaki bahçeye baktı, bahçede üç kaplan dolaşıyordu.

Ertesi gün bu durumu telaş içinde ev sahibine anlattı. Ev sahibi zerre kadar endişeli görünmüyordu. "Evet, bazen kaplanlar dünyanın bu bölgesine de gelir. Biz onlara dokunmayız, onlar da bize. Yine de karşılaştığın zaman kendini savunmaya hazır olmalısın" diye cevapladı. Elinden geldiğince sakin görünmeye çalışan prens ona tavsiyesi için teşekkür etti ve odasına çekildi. Odasında endişesi iyice artmış, delirmiş gibi bir aşağı bir yukarı yürümeye başlamıştı. Ne korkusuyla başa çıkabiliyor ne de uyuyabiliyordu.

Ertesi gün sudan bahaneler öne sürerek saraydan ayrılıp yolculuğuna devam etme kararını bildirdi. Ev sahibi ona şans diledi ve ne zaman isterse tekrar gelebileceğini söyledi.

Gece olurken prens, silahlı adamların ağır ahşap kapısını kapatmak üzere olduğu bir kaleye rastladı. Burası güvenli görünüyordu. Sonunda kaplanların giremeyeceği bir yer bulmuştu. Bir altın para karşılığında içeri kabul edildi. Üzerinde kızarmış av eti, baharatlı pilav ve şarap taslarının olduğu uzun bir sofrada diğer erkeklerin arasına katıldı. Burası şimdiye kadar yaşadığı yerlerden oldukça farklıydı.

Yumuşak bir müzik, entelektüel tartışmalar veya şiir okumaları yoktu. Burası hayatın ve bağımsızlığın tadını çıkaran özgür adamların, avcıların ve askerlerin mekânıydı. Çılgınca söylenen şarkılar, şakalar ve birbirinin sırtına gürültüyle vurmalar vardı burada.

Ertesi gün kalenin sahibi ve adamların lideri, 'Şahin' dedikleri kaba sakallı bir adam, onu grupla birlikte avlanmaya davet etti. Prens hemen kabul etti ve akşam kaleye mutlu ve coşku dolu bir şekilde döndü. Hiç bu kadar güçlü ve özgür hissetmemişti. Kendini avlanma, açık hava, şaraplı ve kutlamalı gecelerle dolu bu yeni hayatın içinde hayal edebiliyordu. Birkaç gün sonra ziyafet sırasında Şahin ona doğru eğilip şöyle dedi: "Bizler hepimiz savaşçıyız. Adamlarımı savaşlar arasında böyle bir av ve kutlama hayatıyla oyalıyorum. Yüreklerimizi güçlü tutmak ve savaşa hazır olmak için ayda bir kez adamlarımla birlikte silahlarımızı ve kalkanlarımızı bırakıp yanımıza sadece basit hançerler alarak kaplanlarla dolu bir bölgeye gideriz. Orada azılı canavarlarla savaşarak cesaretimizi sınarız. Genellikle gün sonunda eve bir veya iki kaplanla döneriz. Geldiğin günden beri seni izliyorum ve artık hazır olduğuna karar verdim. Yarın bizimle gelecek ve cesaretini kanıtlayacaksın."

Cesur görünmeye çalışan prens kendisine olan güveni için Şahin'e teşekkür etti ve bir büyük yudumda şarap bardağını boşalttı.

Ertesi gün diğer avcılar gibi av için hazırlandı ve atlı kafilenin en sonunda kalmaya dikkat ederek onlarla beraber kaleyi terk etti. Ormanda bir kavşağa geldiklerinde atını diğer tarafa çevirdi ve savaşçılardan hızla uzaklaştı.

Gece olurken binlerce kuşun şarkı söylemeye ve yıkanmaya geldiği fıskiyelerle çevrili güzel bir saraya ulaştı. "Burası cennet gibi" diye düşündü. Saray sınırlarına adım atar atmaz on hizmetli karşıladı onu ve ev sahibiyle karısının bir satranç oyununa dalmış olduğu geniş verandaya götürdüler. Sıcak bir şekilde karşılandı, ikramlar yapıldı ve sonra ev sahibinin karısı ud çalarken ev sahibiyle zihin açıcı bir fikir alışverişine girdiler. İkinci evini bulduğunu hissetmişti. Ertesi gün bahçede yürürken hayatı boyunca gördüğü en güzel kızla karşılaştı. O da ud çalıyor ve çok güzel şarkı söylüyordu. Biraz yaklaşınca bunun ev sahibinin sık sık adını geçirdiği kızı Meryem olduğunu anladı. Kız şarkıyı kesmeden başıyla selamlayıp yanına oturmasını işaret etti. Prens daveti mutlulukla kabul etti. Ancak biraz daha yaklaşınca kızın ayaklarının dibinden kırmızı gözlü bir kaplanın ona baktığını gördü. Meryem prensin telaş içindeki bakışlarını yakaladı ve onu yatıştırdı: "Bu benim evcil kaplanım Bibi. Benim yanımda olduğun sürece sana zarar vermez, korkma." Prens, Meryem'le konuşma isteği ile şiddetli kaplan korkusu arasında kalmıştı. Sonunda isteği kazandı. Oturup Meryem'le hoş bir öğleden sonra geçirdi. Akşam babasıyla konuşurken kızının neden böyle ilginç bir evcil hayvan seçtiğini sorgulama fırsatını yakaladı.

Ev sahibi, "Evet, Bibi'yi Meryem kendisi yetiştirdi. Tuhaf bir seçim ama o da sıradan bir kız değil" diyerek güldü. "Ona iyi bir eşlikçi oldu ve geceleri sarayın koridorlarında dolaşıp bizi davetsiz misafirlerden koruyor."

Prens yine sakin kalmaya çalışsa da koridorlarda dolaşan bir kaplan düşüncesi onu korkutuyordu. O gece kapısını kilitledi ama kaplanın homurtularını duyuyordu. Kaplan kapısını tırmaladı, kapı kolunu salladı. Prens İskender içeride korkuyla duvara yapışmıştı. Ertesi sabah kararını vermişti bile. Eşyalarını toplayıp ev sahibini görmeye gitti ve hiç tereddüt etmeden konuştu.

"Efendim, misafirperverliğiniz için çok teşekkür ederim. Gerçek kimliğimi hiç açıklamadım. Ben Prens İskenderim. Korku yüzünden sarayımdan ve görevlerimden kaçtım. Aşk beni kaderimle tekrar yüzleşmeye döndürecek. Kızınıza âşık oldum ve eve dönüp beni bekleyen kaderle yüzleşmezsem ona asla evlenme teklif edemeyeceğimi anladım. İzninizle eğer sınavımı geçersem kızınızdan karım olmasını isteyeceğim."

Ev sahibi hafifçe gülümsedi: "Cesaretinizi göstermeniz için bir sebep bulmanıza memnun oldum Prens İskender. İtiraf etmeliyim ki en başından beri kim olduğunuzu biliyordum çünkü babanıza çok benziyorsunuz. Size şans diliyorum ve kızımla birleşmeniz için rızamı veriyorum."

Kraliyet sarayına dönen prens dizlerinin üzerine çöküp babasından af diledi ve sınava hazır olduğunu söyledi. Kral şefkatli ve sevgi dolu gözlerle oğluna bakarak: "Döndüğüne çok sevindim. Korkularımızla yüzleşmek için hepimiz zamana ihtiyaç duyarız. Kafese yarın ineriz, şimdi dinlen" dedi.

Ertesi gün prens bütün cesaretini topladı. Kalbini sevgili Meryem'e odakladı ve titreyerek merdivenlerden indi. Babasının verdiği küçük hançeri sıkı sıkı tutuyordu. Kafesin önüne geldiğinde yardımcılar kapıyı sonuna kadar açtılar. Derin bir nefes aldı ve hançerini kaldırıp bir savaş çığlığıyla öne atıldı. Kaplan bir pençesiyle onu silahsız bıraktı. Hançer bir tıngırtıyla kafesin zeminine düştü. Bir saniye sonra kaplan üzerindeydi ve amansız bir sevgiyle yüzünü yalıyordu. Şaşıran prens gururla onu izleyen babasına baktı. "Oğlum, sınavı geçtin. Korkuyu yaşadın ve ona rağmen harekete geçtin. Korkunun esiri olsan da her zaman korkumuzla yüzleşmemize değecek şeyler olduğunu anladın. Artık zamanı geldiğinde krallığı sana bırakabileceğimi biliyorum."

Prens tekrar yukarı çıkarıldı, büyük bir ziyafet sofrası hazırlandı.

Birkaç gün sonra evcil kaplanıyla Meryem geldi, evlendiler; çoğu zaman mutlu, bazen üzgün, hep birlikte yaşadılar.

**Mesaj:** Korkundan kaçma!

Kaçmak ve uzak durmaya çalışmak asla bizi korktuğumuz şeylerden korumaz. Tam tersine içimizdeki canavarları daha da besler. Korkun onu yenene kadar yol boyunca tekrar tekrar karşına çıkar. Öyleyse derin bir nefes al, korktuğun şeyi fark et, adını koy. Onu daha yakından tanımaya çalış, korkundan bahset, korkun hakkında bir şeyler yaz, çizerek anlatmaya çalış. İçimizdeki, en derindeki canavarlara ışık tuttuğumuzda küçüldüklerini, güçlerini kaybettiklerini görürüz.

**Seyir Defteri:**

1- Kaçmaya çalıştığın şey nedir? Sürekli karşılaştığın o zorluk nedir?

2- Geçmişinde, içindeki canavarla ilk karşılaştığın zamanı hatırlayabiliyor musun?

3- Baş karakterin, canavarla yüzleştiği ve senden daha cesur davrandığı bir senaryo yaz. Karakterin başına neler gelir?

**Alıştırma:** Korkuyu davet etmek

İçinde korku uyandıran bir şeyi yapmayı dene. Bir ekstrem spor (paraşütle atlama, rafting, tırmanış), yalnızlık deneyimi (yalnız kamp yapmak veya seyahat etmek), bazı hayvanlarla vakit geçirmek (bir yılana veya büyük bir köpeğe dokunmak), sosyalleşmek (birine çıkma teklif etmek, şarkı söylemek için sahneye çıkmak) olabilir. Kendi sınırlarının hâkimi sensin. Bu faydalı deneyimi yaşamak için bebek adımları at; yardım ve destek iste. Bu, kendini zorlamak değil, kendini yeni bir tür deneyime davet etmek ve orada ağırlamaktır. Korkuyla ilişkinin bilincinde ol. Korkunu eski bir arkadaşın gibi tanı. Bu deneyim boyunca mantran şu olsun: "Farkındalığın sınırlarında bir gezginim."

### Alıntı:

Tehlikelerden korunmak için değil onlarla yüzleştiğimizde korkusuz olmak için dua edelim.

Rabindranath Tagore

# Test

İyi bir ailenin oğluydu, yakışıklıydı, çok iyi balık tutuyordu ve annesi onu sıradan bir güzel kıza vermemeye niyetliydi. Oğluyla evlenecek kız güzel ama aynı zamanda akıllı ve bir evi sevgiyle çekip çevirebilecek biri olmalıydı. Bu yüzden bir test geliştirdi. Kızlarını tanıştırarak evlilikten söz açmak için yaklaşan annelere hep aynı cevabı veriyordu:

"Bir balıkçının hayatı her zaman kolay değil. Oğlumla evlenecek kişinin onu iyi günde olduğu kadar kötü günde de desteklemesi gerek. Bazı günler bolluk içinde geçer bazıları yokluk. Diyelim ki oğlum bir gün büyük bir balık yakaladı. Kızına sor bakalım, bu balığın olabildiğince uzun süre yetmesi için ne yapar."

Anneler türlü cevaplarla geri gelirlerdi. Bazıları kurutmak için ince dilimler halinde kesmeyi, bazıları tuza yatırmayı önerirdi. Bazıları içine un ve su ekleyerek bir kazan dolusu çorba yapmayı, bazıları bol pirinçle pişirmeyi. Bu cevapların hiçbiri anneyi tatmin etmezdi. Başını sallayıp, "Hayır, bu olmaz, bu dayanmaz" derdi.

Bir gün torunu için yaşlı bir kadın geldi. Yaşlı kadın kızı annesinin ölümünden sonra kendisi yetiştirmişti. Kız ve yaşlı kadın köyün sonundaki küçük bir kulübede oldukça sade bir hayat yaşıyorlardı. Anne her zamanki sorusunu sordu ve aynı akşam kapı çaldı. Gelen kadının torunuydu. Cevabı kendisi vermek istemişti. Uzun boylu, neşeyle parıldayan gözleriyle güzel bir kızdı. Anne içten içe testine bu kızın uygun bir yanıt vermesini diledi.

"Eğer oğlunuz eve büyük bir balık getirirse" dedi kız, "onu bereketli bir yemeğe çevirmek için büyük bir tencerede sebzeler ve pirinçle pişiririm."

Bu cevabın da diğer cevaplardan bir farkı yoktu ve anne tam başını hayır anlamında sallamak üzereydi ki kız devam etti: "Sonra yemeği porsiyonlara ayırır gidip bütün komşularıma dağıtırım."

Anne şaşırmıştı. Dayanamayıp sordu: "Ama o zaman balık kalmaz. Bu şekilde evi nasıl çekip çevireceksin?"

"Anneciğim, eğer ben çevremdekileri beslersem onlar da beni besler. Kocamın balık yakalayamadığı bir gün olursa daha şanslı bir aile bizimle paylaşır. Böylece denizde balık olduğu sürece herkesin sofrasında yemek olur."

Anne gülümsedi. Evet, oğluna uygun kız buydu çünkü kalbini açmaya cesareti ve dünyanın bereketine inancı vardı.

**Mesaj:** Kıtlık korkusuna karşı güven duygunu besle.

Kıtlık korkudan beslenir ve bizi dur durak bilmez bir şekilde aşırı çalışmaya, kişisel tatminsizliğe sebep olan aşırı tüketime ve gezegenimize zarar vermeye kadar götürür. Dünyayı daha iyi bir yer yapmak için değişim kalbinde başlar. Kendimizi güvene ve paylaşıma açmalı, günlük hayatımızda her zaman bu bakış açısına yer vermeliyiz. Yeni açmış narin bir çiçek gibidir kalp; korku ve yalnızlık rüzgârları estiğinde kapanır; sevginin ve güvenin güneşiyle yeniden açılır.

Kalbin kapandığında kendini yargılama; sadece bunu fark et ve birbirimizle bağlantıda olduğumuzda etrafa yayılan sevgiyi hisset. Gözlerini güvendiğin şeylere, sana ilham veren insanlara çevir, kulağını sana değerlerini anlatan hikâyelere ver ve derin bir nefes alıp yeniden aç kalbini.

**Seyir Defteri:**

1- Dünyaya elinden gelenin en iyisini vermek konusunda sana ilham veren biri hakkında bir yazı yaz. Bu insanın sana nasıl ilham verdiğini detaylarıyla anlat.

2- Kalpten verdiğin bir an düşün ve sana nasıl hissettirdiğini, nasıl zenginleşmiş hissettiğini yaz.

3- Pusula mektubu: Senin için gerçekten önemli olan değerler var ama hayatın karmaşası içinde bunları unutuyor olabilirsin. Etrafında olup bitenler bu değerlerle uyumlu olmadığında bile onlara güvenmek ve onları uygulamak üzere kendine cesaret vermek için bir mektup yaz.

**Alıştırma:** Çiçek açma meditasyonu

Rahat bir pozisyonda otur, gözlerini kapat ve kendini bir çiçek olarak hayal et. Bütün detaylarını, rengini, dokusunu, taçyapraklarının üzerindeki pırıltıyı gözünde canlandır ve ilk olarak kapalı olduğunu düşün. Zihnindeki görüntü iyice tamamlandığında çiçeği açmak için zihnini kullan. Her nefes alışında taçyaprakların yavaşça aralandığını gör. Her nefes verişinde bırak çiçeğin yeni pozisyonunda dinlensin ve açılmanın onu nasıl değiştirdiğini fark et. Çiçek tam olarak açılsın ve bu şekilde kalsın. Yavaşça gözlerini aç ve etrafındaki dünyaya yeniden uyan. Nasıl hissettiğini seyir defterine yazabilirsin. Kendini korku, öfke, endişe veya hız yüzünden dünyaya kapattığını hissettiğin her zaman bu alıştırmayı kullan.

**Alıntı:**

Bir çiçeğin güzelliğini taçyapraklarını koparak toplayamazsın.

Rabindranath Tagore

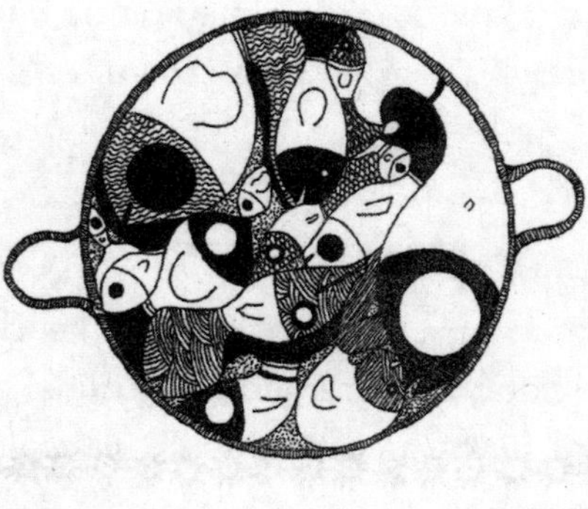

# Helina'nın yolculuğu

Helina bir iplik tüccarının kızıydı. Bir deniz yolculuğunda ilk defa babasına eşlik edecekti. Eskiden babası ticaret için dünyayı dolaşırken o annesiyle kalır, oyalanmak için diğer kadınlarla birlikte atölyelerinde ip eğirirdi. Ama artık annesi yoktu ve babası bir tanecik kızını –ailesinden kalan tek kişiyi– başkasına bırakmak istemiyordu. Böylece Helina dalgaların çalkantısını keşfetti. Zamanın pek çok farklı biçimde akabildiğini, yavaş veya hızlı ilerleyebildiğini ve denizin bütün renklerini gördü. Sonsuz gibi görünen mavi ufuk çizgisine bakıp gündüz düşleri kuruyordu. Gözünde uzun siyah saçları, iyilikle bakan çekik gözleri ile esmer bir adamın yüzü canlanıyordu ve adam onu güzel bir çadıra davet ediyordu. Bu yüz nereden geliyordu? Hangi rüzgâr gözlerine bu görüntüyü getiriyordu? Bilmiyordu. Ona birazcık olsun benzeyen birini hiç görmemiş, tanımamıştı ama bu hayal kalbinin daha hızlı atmasına neden oluyordu.

Hayallere dalıp gitmişken rüzgârın iyice şiddetlendiğini, geminin

tehlikeli bir şekilde sallanmaya başladığını fark etmedi. Güverteden gelen sesleri, sağa sola verilen telaşlı talimatları duymadı. Ta ki biri gelip onu kolundan yakalayıp kamaraya atana kadar.

Gemi fırtınaya yakalanmıştı. Denizin sakinleşmesi, birinin gelip onu çıkarması için sabırla bekledi. Koşuşturan ayak seslerini, çığlıkları, başının üstündeki kargaşayı ve sonra da o büyük çatırtıyı duydu.

Kamaradan nasıl çıktığını, tutunmak için bu sandığı nasıl bulduğunu, fırtınanın içinde ona tutunmuş halde kalabilmeyi nasıl başardığını hiçbir zaman bilemeyecekti.

Fırtına dindikten sonra bir dokumacı ailesi onu sahilde buldu. Evlerine götürüp ona baktılar ve iyileştiğinde ekmeklerini ve emeklerini onunla paylaştılar. Nasıl ip eğireceğini zaten biliyordu; şimdi nasıl dokuma yapacağını öğrendi. Önceleri ipi hazırlamaya yardım ediyordu. Bobinleri değiştiriyor, basit örtüler ve çarşaflar dokuyordu. Sonra desen yapma sanatını öğrendi ve yeni tasarımlar yapmak konusunda yeteneğini geliştirdi.

Sık sık babasını, eski hayatını özlüyordu. Elbette bundan daha kolay bir hayat yaşamıştı. Ama hayat hayattı işte ve koşullar ne kadar zor olursa olsun insan sevgiyle kuşatıldığında her zaman teselli buluyordu. O da bulmuştu. Helina mutsuz değildi; aslında bu yeni hayatı için minnettar bile sayılırdı. Ta ki tek başına kuyunun başına gittiği güne kadar. Saat oldukça geçti ama su getirmeyi unutmuştu. Böylece kovasını aşağı saldı ve kuyuya bakarak dolmasını bekledi. O sırada güçlü kolların onu sardığını hissetti ve her şey karardı. Uyandığında İstanbul'a giden bir yük gemisindeydi; kaçırılmıştı!

Birkaç gün sonra köle pazarındaydı, hiçbir şey görecek halde değildi. Bu nasıl olmuştu, yeniden nasıl kaybolabilmişti? En çok hangi ailesinin, hangi hayatının yasını tutacaktı? İkinci kez öksüz kalmıştı.

Helina'yı bu kadar kaybolmuş, üzgün ve masum bir halde gören zengin bir tüccar, karısına eşlik etmesi için onu satın almaya karar verdi. İyi bir ailenin kızına benziyordu ve onların dilini konuşmaya başladığında karısının da ondan hoşlanacağını düşünmüştü.

Tüccar onu satın aldıktan sonra eve ulaşmak için günlerce yolculuk ettiler. Tüccar yolda sakin sakin onu bekleyen hayatı anlattı: büyük malikânesinde, bahçede zaman geçirecek, lezzetli yemeklerin tadını çıkaracak, tüccarın karısıyla müzik çalacaktı. Hiçbir şeye ihtiyacı olmayacaktı. Helina hâlâ çok mutsuz olsa da talihi döndüğü için minnet duymaya çalıştı.

Ancak malikâneye ulaştıklarında tüccar kendi kaderinin tersine döndüğünü, iflas ettiğini öğrenecekti. Ne bahçe, ne müzik ne de lezzetli yiyecekler vardı. Tüccar, karısı ve diğer kölelerle birlikte Helina da karnını doyurmak için çok çalışmak zorundaydı. Tüccar eskiden bir ahşap oymacısıydı. Bu yüzden evdekilerle birlikte Helina da düz ağaçları seçmeyi, onları kesmeyi, gövdelerini soymayı, direkler oymayı öğrendi. Oydukları direkler o kadar düz, o kadar kuvvetli, o kadar güzel oyulmuş oluyordu ki bütün gemi imalatçıları ve saray mimarları onlara sipariş veriyordu. Çok çalışmaları sayesinde aile tekrar rahata kavuştu. Tüccar yardımları ve bağlılıkları sebebiyle bütün kölelerini azat etti. Ama Helina nereye gidecekti? Bildiği tek aile tüccar ve karısıydı artık; tüccar iyi bir adamdı ve Helina tüccarın karısıyla da arkadaş olmuştu. Hayatta birlikte mücadele ettiğimiz insanlarla aramızda özel bir bağ oluşur ya, içinden bir ses en şiddetli fırtınada ona iyilik yapan bu güvenilir aileyle kalmasını söylüyordu. Tüccar sadakatini ödüllendirmek için onu Doğu'ya giden siparişleri götüren gemilerin başına verdi. Böylece bir kez daha sınırsız mavilikte, dalgaların sallantısıyla uzun ve yavaş bir yolculuğa çıktı.

Bu kez yavaş sallantılar sarsılmalara dönüştüğünde durumu fark etti. Rüzgâr yelkenler için fazla sert esmeye başladığında anladı. Ama anlaması bir şeyi değiştirmedi. Saatler süren mücadeleden sonra yine o korkunç çatırtıyı duydu. Hayatının bir kez daha değişeceğini anladı.

Hemen bir fıçı buldu ve dalgaların onu yine bir başka hayata sürüklemesine hazırlandı. Ertesi gün bir sahilde uyandı. Heyecanlı bakışlarıyla etrafını köylüler sarmıştı. Ona sanki bir hazine bulmuş gibi bakıyorlardı. Kralın falcısının tam o gün, o sahilde yabancı bir kadın bulacaklarını ve o kadının kralın oğluyla evleneceğini söylediğini nereden bilebilirdi?

Köylülerin kehanette bahsedilen kadını buldukları konusunda şüpheleri yoktu. Saraya götürüldü ve orada bir tercüman yerine getirmesi gereken görevi ona açıkladı. Ağlardan bir ev yapmak mı? Daha ne olduğunu bile anlamamışken nasıl yapabilirdi ki? Bütün gün bunu düşündü. Yaptığım dokumalar ağa benziyordu diye geçirdi içinden; belki bir çadır yapabilirim. Bunun için kumaş istedi ama bu ülkede kimse dokumayı bilmiyordu. Sadece tüyler ve deriler vardı. Bu durumda iplik getirmelerini istedi ama hiç yoktu çünkü bu ülkede pamuğun veya yünün nasıl eğrileceğini bilmiyorlardı. O da ilk işini hatırladı ve ip eğirmeye başladı. Sonra dokumacılarla geçirdiği ikinci hayatını hatırladı ve güzel desenli kumaşlar dokudu. Sonra üçüncü hayatını hatırladı ve güçlü, düz ağaçlardan direkler oydu. Hepsini bir araya getirdiğinde prenslere layık bir çadır yapmıştı: Ağlardan bir ev.

Kral çadırı görmeye geldi ve oğlunu da getirdi. Uzun siyah saçları, iyilikle bakan çekik gözleriyle prensi gördüğünde onu daha önce, çok uzun zaman önce gördüğünü hatırladı. Onu bir rüyayı hatırlar gibi hatırlıyordu. Bu yüzü nerede görmüştü?

Üç yaşam önce rüzgâr gözünde bir hayal canlandırmıştı. Onu süslü bir çadıra davet eden bir adamın hayalini. Bu hayal gerçek olmuştu; prens o adamdı.

İlk defa hayatın bütün o zorlukları içinde aslında hiç kaybolmamış olduğunu, her zaman yolda olduğunu ve hep bu ana doğru yürüdüğünü anladı.

**Mesaj:** Karşılaştığın zorluklar öğretmenlerindir.

Bir öğrenme yolundasın. Hayatın sana gönderdiği dersleri kabul et. Karşılaştığın zorlukların amacı bugün net olarak belli olmayabilir ama kendini içinde bulduğun durumlarda elinden geleni yapmaya ada. Zorluklardan kaçınma, kaçma veya onları reddetme. İçinde olduğun durum olacakların hazırlığıdır. Mevcut derse kendini tamamen vermeden bir sonraki adıma atlayamazsın.

Seyir Defteri:

1- Bugün mücadele ettiğim zorluk nedir, neyi zor buluyorum?

2- Bundan çıkarmam gereken ders nedir?

3- Bu dersi başarıyla geçtiğimi hissetmek için ne yapmalıyım?

**Alıştırma:** Adım adım

Bir yapılacaklar listesi hazırla ve her seferde birini yaparak tamamla. Bir eyleme başladığında onu tamamlayana kadar diğerine geçme. Hiçbir işi tamamlanmamış bırakma. Listendeki ilk iş masanı düzenlemekse, masanı tamamen düzenlemeden diğer işlere başlama.

**Alıntı:**

Aradığın da seni arar.

Mevlânâ Celaleddini Rumi

# Mojud delirince

Mojud'un sade bir hayatı vardı. Kariyerine belediyede memur olarak başlamıştı. İşine kendini adaması karşılığını bulmuş, ölçü ve ayarlar müfettişinin başyardımcısı olarak atanmıştı. Herkes bir gün müfettişlik görevine onun atanacağını, bu özenilecek pozisyona, sadece saygınlık değil zenginlik de demek olan bu konuma onun geleceğini düşünüyordu. Onu kıskanan çoktu ama Mojud'da birçok ölçü ve ayarlar müfettişinde görülen açgözlülük yoktu. Başkalarına göre işine bu kadar bağlı olması sadece basit bir alışkanlık meselesiydi.

Mojud bir gün işe gitmek için bir parktan geçerken uzun, beyaz sakallı bir adam yanına yaklaştı. Parlak, yeşil bir pelerini vardı ve yüzü iyilikle parlıyordu. Mojud'a şöyle dedi: "Bu kasabada önünde parlak bir gelecek uzanıyor ama görüyorum ki sen yine de hayatta bundan

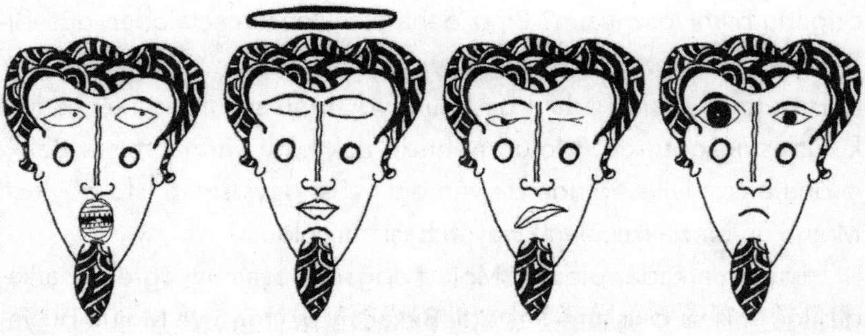

fazlası olup olmadığını merak ediyorsun. Bunu öğrenmek için üç gün sonra benimle nehir kıyısında buluş."

Sonra adam geldiği gibi ortadan kayboldu, Mojud da işe gitti. Müdürüne üç gün sonrası için izin almak istediğini söyledi. İlk defa böyle bir istekte bulunduğu için müdürü şaşırmıştı ama memnuniyetle izin verdi

Üç gün sonra aynı sakallı ve pelerinli adam nehir kıyısında onu bekliyordu. Mojud gelince nazik bir şekilde gülümsedi: "Görüyorum ki bu hayatta başka neler yaşayabileceğin konusunda gerçekten de merak duyuyorsun. Öyleyse talimatlarımı harfiyen ve hiç sorgulamadan yerine getir. Sana vereceğim ilk ders şu: Giysilerini yırt ve nehre atla, belki biri seni kurtarır."

Mojud yüzme bilmiyordu. Nehre atlamak hayatta yapacağı son şeydi ama birdenbire kendini de şaşırtarak adamın talimatlarına uyuverdi. Akıntıya kapılmıştı, vücuduna taşlar çarpıyor, her tarafına yosunlar dolanıyor, burnuna su dolup duruyordu. "Delirmek bu olmalı" diye düşündü, "Şimdi sırf aptalın teki olduğum için bu nehirde ölüp gideceğim." Tam böyle düşünürken güçlü bir elin onu sudan çektiğini fark etti.

"Adam, sen delirdin mi?! Bu nehirde akıntının ne kadar güçlü olduğunu bilmiyor musun? Biraz daha sürüklensen şelaleden düşebilirdin."

Hayatını kurtaran adam bir balıkçıydı. Onu suyun dışına çekti ve kulübesine götürdü. Mojud nehirde çok kötü yaralanmıştı. Balıkçı ona baktı; iyileştiğinde de yemeği ve işi paylaştılar. İşte böylece Mojud'un bir balıkçı olarak hayatı başlamış oldu.

İki adam arkadaş oldular. Mojud doğada yaşamayı öğrendi, arkadaşlığın iniş ve çıkışlarını keşfetti. Birkaç ay geçmişti ve Mojud bu yeni hayatında kendini çok mutlu hissediyordu.

Bir gün nehirden eve dönerken sakallı adam tekrar karşısına çıktı ve şöyle dedi: "Bu hayata alıştın ve mutlusun ama hayatla ilgili daha fazlasını öğrenmek için merak duyuyorsun. Bu balıkçıyı terk et, yürü, gereken yapılacak."

Mojud hiç soru sormadan, yanına bir parça ekmek bile almadan balıkçının evini terk etti. Bütün gün yürüdü ve kasabanın dış surlarına kadar geldi. Orada üzerine fazla yük yüklenmiş eşeğiyle uğraşan bir adam, "İşe ihtiyacın var mı?" diye sordu. "Bu yükü çiftliğime götürmek için yardıma ihtiyacım var."

Mojud adama yardım etti ve sonra adamın çiftliğinde çalışmaya başladı. Orada tohumun, yağmurun ve çiçeklerin mevsimlerini öğrendi. Doğanın elementleri ve büyüsüyle işbirliği içinde çalışmayı öğrendi. Bu yeni hayata tam alışmıştı ki sakallı adam bir kez daha karşısına çıkıp, "Çiftliği terk et ve şehre yürü. Önceden biriktirdiğin paran hâlâ duruyor. Onlarla bir dükkân aç ve deri alıp sat" dedi. Mojud soru sormadan söylenenleri uyguladı ve dükkânını açtı.

Deri ticareti iyi kazanç sağlıyordu ve Mojud şehir hayatının zevklerini özlemişti. Orada üç yıl çalıştı ve epey para kazandı. Tam kendine bir ev satın almayı düşünürken adam yine karşısına çıktı ve ona, "Şimdi Mojud, paranı bana ver ve Semerkand'a yürü. Orada bir manavın yanında işe gir" dedi. Mojud kendine söylenenleri aynen yerine getirdi.

Semerkand'a yerleştiğinde insanlar yavaş yavaş onu fark etmeye başladı. Farklı görünüyordu ve nadiren konuşsa da büyük bir bilgelik taşıdığının işaretlerini veriyordu. İnsanlar sırf onu görmek için manav dükkânına geliyor, onun varlığında sakinleştiklerini hissediyor, sözlerinden rehberlik alıyor ve bazıları dokunuşuyla iyileşiyordu. Kısa süre içinde ünü yayıldı, tavsiyesi istenir oldu, konuşma yapmak, insanlara bir şeyler anlatmak için çağrılmaya başladı.

Pek çok kişi ona aynı soruyu soruyordu:

"Öğretmenin kimdi, bunları kimden öğrendin?"

"Söylemesi güç" diye cevaplıyordu.

Yaptığı ilk çılgınlığın bu muhteşem öğrenme yolunun kapısını açtığını söylese ona kim inanırdı ki? O yüzden onlara sadece, "Eğer hayatta daha fazlası olduğunu hissediyorsanız, eh, olduğu doğru, gidip arayın" diyordu.

**Mesaj:** Çılgınlık yapmayı deneyimle.

Bu dünyaya mantıklı ve ölçülü bir hayat yaşamak için gelmedin. Buraya her şeyi deneyimlemek için geldin. Ölçülü olmak adına kendini durdurma, başarabileceğini düşündüğün konularda sonuna kadar git. Genellikle bunu yaptığında bir duvara toslayacağını düşünürsün ama sen ilerlemeye devam ettikçe dünyanın sınırlarının genişleyeceğine inan, çünkü genişler...

**Seyir Defteri:**

'Delirmek' sence nasıl bir şey olabilir? Normalde neleri asla yapmazsın? Delilik yaparak geçireceğin bir gün nasıl olurdu, bunu yazmak için kendine 15 dakika ver ve sonuçlarının neler olacağını hayal et. Plan yapma veya yazını nasıl yazacağını düşünme. Sadece alarmını kur ve yazmaya başla. Kâğıda kulak veren kalemi, kalemi takip eden elini takip et.

**Alıştırma:** İşaretleri takip et.

İşaretleri aramaya başladığında onları birçok yerde görebilirsin. İşaretleri aramak aslında kalbine şarkılar söyleten dış dünyaya kendini açma alıştırmasıdır.

Bir işaret görmeye çalış, etrafına öyle bak. Tekrar tekrar karşına çıkan ve hayatında hep geri gelen bir şey olabilir bu. Bulduğun işaretin anlamını çözemiyorsan bir arkadaşından yorumlamasını iste, eğer bu bir sembolse internetten ya da semboller sözlüğünden anlamına bak. Sonra onu dinle. Gerçekten dinlemek, insanın davranışlarını değiştirmesi anlamına gelir. Bu işaret hangi değişimleri öneriyor? Onu takip et.

## Alıntı:

İçindeki ay ışığını takip et, deliliğini gizleme.

Allen Ginsberg

# Taşçı

Bir zamanlar bütün gün dağda taş kıran bir taşçı varmış. Bu taşçı ister güneş çıksın, ister yağmur yağsın hiç istifini bozmadan şarkı söyleyip ıslık çalarak işini yapmaya devam edermiş çünkü yaptığı işi çok seviyor ve bu işi yapmaktan gurur duyuyormuş.

Bir gece dağa şövalyeler gelmiş ve bir geceliğine onunla birlikte kamp yapmışlar. Ona uzak ülkelerdeki maceralarını ve barışı korumak için yaptıklarını anlatmışlar. Taşçı bütün bir gece boyunca şövalyelerin anlattığı hikâyeleri büyülenmiş gibi dinlemiş. Ertesi gün şövalyeler gittiğinde artık ne ıslık çalıyor ne de şarkı söylüyormuş. Hayattaki rolünün çok küçük olduğunu düşünmeye başlamış. "İster çalışayım

ister uyuyayım, bu dünya için ne fark eder ki? Dünya benim yaptıklarımla değişecek değil ya. Tarih taş keserek yazılmıyor. Bir şövalye olsaydım bu dünyada önemli bir rolüm olurdu ve o zaman mutlu hissederdim" diyormuş içinden.

Taşçının yakınlarında bir peri yaşıyormuş. Taşçının ıslık çalışını sevdiği için evini onun yakınlarına kurmuş. Bunu duyunca sihirli değneğini sallamış ve taşçıyı parlak zırhıyla bir şövalyeye dönüştürmüş. Ve dünyayı korumak için çıktığı maceralarda onu takip etmiş.

Taşçı bir şövalye olarak iyi kötü pek çok maceraya atılmış ama sık sık rolünün çok önemsiz olduğunu hissediyormuş. Bir gün vergilerini ödeyemediği için bir adamı cezalandırmak zorunda kaldıktan sonra bir kayanın üzerine oturmuş ve kendi kendine söylenmiş: "Bütün yaptığım kralın emirlerini uygulamak. Kral adil olduğunda ben de adilim ama o hata yaptığı zaman şeytanın eli oluyorum. Aslında bir fark yaratmıyorum. Bıraksam benim yerime aynısını başkası yapar. Keşke kral olsaydım ve gerçekten bir fark yaratsaydım."

Peri bunu duyunca sihirli değneğini sallamış ve taşçıyı bir kez daha dönüştürmüş. Bu sefer bir kral olmuş. İyi bir kralmış. Kendisini dünyada gerçek bir fark yaratmaya, halkına mutluluk getirmeye adamış. Ancak bu mutluluğu yine kısa sürmüş. Hâlâ bir sürü şey üzerinde bir etkisi ya da kontrolü olmadığını görmüş. Sonuç olarak insanların mutluluğu topraklarından iyi ürün almalarına bağlıymış. İyi ürün almaları da havaya ve güneşe bağlıymış. Yeterince güneş olmazsa domatesler yeşil kalıyor, fazla olursa ürünler kuruyup yanıyormuş. "Bu dünyada bir fark yaratabilmemin tek yolu güneş olmak. Güneş olsaydım doğru zamanda parlardım; ne az ne de çok" diye düşünmüş.

Perinin sihirli değneğini bir sallayışıyla taşçı güneşe dönüşmüş.

Yine de mutluluğu uzun sürmemiş. Kısa bir süre sonra büyük, gri bir bulut gelmiş. Güneş tarlalardaki ürünlerin üzerine parlamak istese de yapamamış. "Ah, olamaz" diye düşünmüş. "Bulut olmam gerekiyormuş. Güneşin gücünü kontrol edenler tabii ki bulutlar." Ve bunu düşünür düşünmez yumuşak, hafif bir gri buluta dönüşmüş. Güneşi kontrol edebileceğini düşünüyormuş artık ama rüzgâr gelmiş ve onu savurduğu gibi uzaklaştırmış. "Hayır tabii ki, şimdi anlıyorum. Aslında rüzgâr olmalıymışım" dediği gibi bu dileği de yerine gelmiş ve rüzgâr olmuş. Günlerini bulutları kovalayarak, gökyüzünde dolaşarak, ağaçlarla oynayıp etekleri kaldırarak geçirmiş. Evet, sonunda her şeyi hareket ettirip değiştirebilen bir biçim bulmuş kendine. En azından koskoca bir dağa çarpana kadar öyle düşünüyormuş. Ne kadar hızlı eserse essin dağı hiçbir şekilde yerinden kıpırdatamamış, yerini değiştirememiş.

"Eğer bu dağı yerinden oynatamıyorsam dünyada ne kadarlık bir fark yaratabilirim ki? Dağ olmayı istemeliydim; o kadar güçlü ki rüzgârı bile durdurabiliyor." Ve sonunda dağ olmuş.

Artık kendini güçlü ve yenilmez hissediyormuş. Onu kimse değiştiremez, en güçlü rüzgâr bile yerinden kıpırdatamazmış. Sonra bir yerinde kaşıntı gibi bir şey hissetmiş ve bir ıslık duymuş. Sonra bunun taşlarını kıran bir adam, bir taşçı olduğunu görmüş. Yavaş yavaş dağı kazıyor, şekil veriyor, onu değiştiriyormuş.

İşte bir taşçı gerçekten de kendi yöntemiyle dünyayı değiştiriyormuş. Dağın şeklini bir anlamda değiştirebilen tek kişi oymuş. Bu sefer kalbinden tekrar bir taşçı olmayı geçirmiş. Eskiden olduğu gibi dağı kazmaya ve neşeli bir şekilde ıslık çalmaya devam etmiş. Ve ne zaman oradan geçen yolcular kampına uğrasalar hikâyelerini mutlulukla dinlemiş ama bir daha asla onların yolundan yürümeyi istememiş. Çünkü rolü dışarıdan ne kadar önemsiz görünse de dağı değiştirebilenin yalnızca kendisi olduğunu anlamış artık.

**Mesaj:** Kendi yeteneğini bul.

Gerçek yeteneğini bulmak zordur. Çoğumuz oynadığımız rolden zevk almak isteriz, rolümüzün dünyaya bir katkısı olsun, olumlu bir fark yaratsın dileriz ve aynı zamanda hem sosyal hem maddi anlamda ödüllendirilmeyi bekleriz. Genellikle doğamıza uygun olmayan işlere çok fazla enerji harcarız çünkü neye yeteneğimiz olduğunu bulamayız. Nasıl ki su bir balık için görünmezse yeteneğimiz de çoğu zaman bizim için öyledir, onu fark edemeyiz. Bu yeteneğimizi hayata geçirmek, anlamak veya icra etmek bize o kadar doğal ve basit gelir ki başkalarının bunu zor bulmasına inanamayız. İçindeki sese kulak ver, yürümen gereken yolu, aslında yapman gereken işi bulduğunda hayatına denge gelecektir.

**Seyir Defteri:**

1- Doğal yeteneklerin neler?

2- Çocukken ne yapmaktan hoşlanırdın?

3- Başkalarının sende genellikle övdüğü yeteneklerin neler?

4- Önceki üç soruya verdiğin yanıtlara bakarak yeteneğin hakkında ne öğrendin?

**Alıştırma:** Gönüllülük

Dünyaya hangi yollarla katkı sağlayabilirsin? Zamanının bir kısmını hediye et. Yerel sivil toplum örgütleriyle iletişime geçip onlara nasıl katkı sağlayabileceğini öğren. Veya yaptığı işe hayranlık duyduğun ve dünyada olumlu bir fark yarattığını düşündüğün kişileri ara ve onlara nasıl yardım edebileceğini sor.

## Alıntı:

Dünyadaki en büyük pişmanlığı, yaratıcılığın çağrısını duyup, içlerindeki yaratıcı gücün yerinde duramadığını ve ayaklandığını hissedip ona ne güç ne de zaman vermiş olan insanlar yaşar.

Mary Oliver

# Lokum

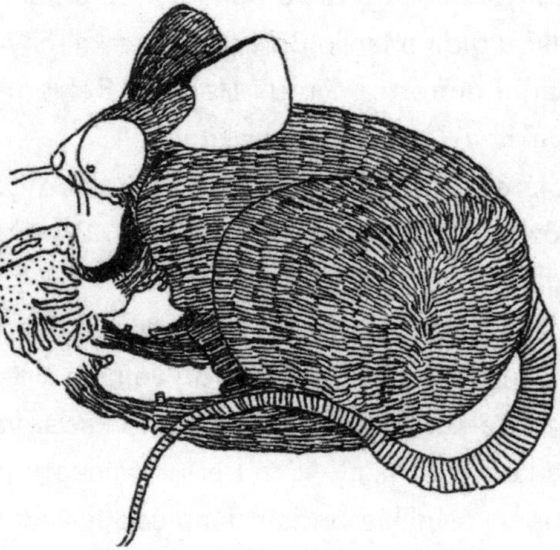

Üstat Ladi, Sultan'ın baş danışmanıydı. Sarayda saygı görür, şehirde baş tacı edilir, evinde sevilirdi. Hayatı güzel sarayında, etrafında ailesi ve arkadaşlarıyla çevrili olarak geçiyordu. Kâh hoş kokulu pilavlar ve kızarmış baharatlı kuzuların yendiği ziyafet sofralarında oturuyor, kâh bilgisinin değer gördüğü ve derslerinin herkes tarafından takip edildiği uzun sohbetler ve tartışmalara katılıyordu. Sevildiğini, sayıldığını ve kutsandığını hissediyordu.

Bir sabah nehirde yıkanırken her şeyden çok değer verdiği, gözü gibi sakındığı taşlı yüzüğü parmağından kayıp suya düştü. Ama şaşırtıcı biçimde normalde suya batması gerekirken suyun üzerinde kaldı. Sanki Üstat Ladi'nin onu alıp tekrar parmağına takmasını bekliyor gibiydi. Üstat Ladi yüzüğü tekrar parmağına takarken "Ne tuhaf" diye mırıldandı. Sonra eve doğru yola çıktı. Derin düşüncelere dalmışken her zaman yaptığı gibi parmaklarıyla sakalını okşadı. Sarayına vardığında gözlerinde yeni bir karar vermiş olmanın ışıltısı vardı. Sarayındaki herkesi yanına çağırdı ve her şeyi toplamaları için emir verdi. Yandaki krallığa gidiyorlardı. Burada kimse kalmayacaktı. Sarayı o gün boşaltmalarını emretti. "Şimdi! Hemen! Beklemeden toplanın! Soru sormaya vakit yok, tartışmaya vakit yok."

Çocukları ağlamaya başladı ama onu herkesten iyi tanıyan güzel karısı Amma gözlerindeki bu pırıltıyı biliyordu. Bu yüzden üzüntüsünü kendine sakladı ve toplanmaya başladı.

Akşam olduğunda hepsi gitmişti. Üstat Ladi üzerinde uyuyacak tek bir halının bile olmadığı boş sarayda yalnız kaldı. Yanındaki tek kişi babasının hizmetkârı Madidi'ydi. Adam o kadar yaşlıydı ki orada öylece kalmaya karar vermişti. "Bizi her ne felaketten korumaya çalışıyorsan, yol beni kesinlikle ondan daha çabuk öldürür. Bırak burada kalayım. Biraz yardıma da ihtiyacın olur. Burada seninle olmak istiyorum" demişti. Üstat Ladi de bu yardım elini gizli bir rahatlamayla kabul etmişti.

Şafak vakti Üstat Ladi ve hizmetkârı kapının gürültüyle çalışı ve bağıran bir sesle uyandılar: "Sultan'ın ordusu, kapıyı açın!" Üstat Ladi şaşırmamıştı. Kapıyı açmaya gitti. Tek kelime bile etmesine fırsat kalmadan yaka paça yakalanıp küçük düşürücü bir şekilde saraya sürüklendi. Kendisine doğru öfkeli bir şekilde parmağını doğrultmuş olan Sultan'ın ayaklarının dibine bir köpek gibi fırlatıldı. Sultan bağırdı: "Sana bir kardeş gibi davrandım, her sözünü dinledim. Seni armağanlara boğdum. Sen de beni böyle mi ödüllendiriyorsun? Arkamdan iş çevirerek mi? Ladi! Zehrini bundan sonra benim sokaklarıma salamayacaksın. Gerçek dostlarım bana planlarını anlattı. Demek benim yerime geçmek istiyorsun. Pekâlâ, seni kendi küçük hücrenin efendisi olmaya gönderiyorum!"

O günlerde saray hapishanesinin üç katı vardı. Birinci bodrum katında önemsiz hırsızlar, dolandırıcılar, adi suçlular tutulurdu. İkinci bodrum katında katiller ve ağır suçlardan içeri girenler bulunuyordu. Sarayın derinliklerinde, hiç ışığın sızmadığı yerde ise üçüncü bodrum katı vardı ve burada sadece bir hücre bulunurdu. Ayakta durmak için tavanı çok alçak, uzanmak için çok küçüktü. Duvarları küf, yerleri önceki suçluların kurumuş dışkılarıyla kaplıydı. Üstat Ladi buraya gönderilmişti.

Hayatını güzelliklerle çevrili olarak geçirmiş olan Üstat Ladi'nin bu cehennemde ne yaptığını merak edebilirsiniz. Ağladı mı, yalvardı mı? Güzel ve sevgi dolu karısı Amma'yı düşündü mü? Veya her biri bahar rüzgârlarından daha tatlı olan kızlarını? Akıllı ve cesur oğullarını? Veya arkadaşlarını? Hayır, hiçbiri bu utanç deliğinde aklına bile gelmedi. Günler ve geceler boyunca aklını meşgul eden, bilincine takıntı gibi saplanmış tek bir düşünce vardı: Lokumlar. Daha çok Forti Usta'nın yaptığı taze, damlasakızlı lokumlar. Bu yumuşak tatlılardan her gün taze bir tepsi saraya getirilirdi ve Sultan'la önlerine getirilen çeşitli meseleleri tartışırken tepsi aralarında durur, bu küçük, yumuşak zevk küplerini dumanı tüten çaydan büyük yudumlarla beraber ara sıra midelerine indirirlerdi.

İşte o utanç gününde Üstat Ladi tam saraydan çıkarılırken Forti Usta'nın çırağı günlük tepsiyi getiriyordu. Gözleri lokumlara iliști ve canı umutsuzca bir tane yemek istedi. Elbette iki koluna girmiş iki muhafız onu sürüklerken bu mümkün değildi. Ve şimdi de pislik içinde, cehennemin üçüncü katında bir delikte yatarken tek düşünebildiği, dilediği, arzuladığı bir lokumdu.

Her gün gardiyan günlük lapasını getirdiğinde ona yalvarıyordu: "Hâlâ zengin bir adamım ben. Yan ülkedeki ailem varlığımı koruyor. İstersen seni altınlara boğarım. Benim için sadece tek bir şey yap. Tek bir damlasakızlı lokum getir de tamamen delirmeden bu midemi buran yoksunluktan kurtulayım. Bu hücrede olmak, o lokumdan bir ısırık alamadığım için çektiğim işkencenin yanında hiç kalır." Ve gardiyan her gün Üstat Ladi'ye bakıp büyük bir zevkle en sevdiği kelimeyi söylüyordu: "HAYIR."

Günler birbirini kovaladı. Ta ki karanlık hücrede diğerlerinden farkı olmayan bir gün daha bitip, gardiyan günlük yiyeceğinin olduğu tabağı önüne attıktan sonra Üstat Ladi'nin ipek kâğıdın gevrek sesini duyduğu o güne kadar. Hücresinin karanlığına başka bir şey daha bırakılmıştı. Gardiyan hiçbir şey söylemeden en çok arzuladığı lezzeti, Forti Usta'nın imzası olan mor kâğıt içinde sarılı olarak önüne bırakmıştı. Gülse miydi ağlasa mıydı, şarkı mı söyleseydi yoksa dans mı etseydi? Üstat Ladi zevkten tek bir ses çıkaramayacak kadar uyuşmuştu. Bir sonraki saniye korkunç bir soruyla yüzleşti: Önce günlük yemeğini mi yemeliydi lokumu mu? Önce yemeğini yemeye ve sonra bu muhteşem tadı damağında olabildiğince uzun süre tutabilmek için üzerine lokumu yemeye karar verdi. Böylece paketi açtı ve önce yemeğini yerken lokumun görüntüsünün tadını çıkardı. Sonra gözlerini kapadı ve sadece lokumun kokusuna odaklanmaya, bu kadar uzun zamandır beklediği bu zevkin kokusunu içine çekmeye, aklına iyice kazımaya karar verdi.

Orada burun delikleri açılmış, gözleri kapalı otururken hücrenin bir başka sakini, büyük bir fare de lokumu koklamaya geldi. Önce bu sıra dışı kokunun çekimine kapılarak yaklaştı ve dokunmak için pençesini uzattı ama pençesi yumuşak lokuma saplandı. Sonra kendini yapışkan beyaz küpten kurtarmaya çalışırken kullandığı diğer pençesi de lokuma yapıştı. Paniğe kapılan fare bu şeyden tekmeleriyle kurtulmak istedi ama bu kez dört pençesi de lokuma girdi. Panikle debelenirken lokumun üzerine çişini yaptı. İşte tam bu anda Üstat Ladi değerli hediyesine bakmak için gözlerini açtı. Kalbi bir an duracak gibi oldu. Sonra düşünceli bir şekilde mırıldandı: "Ne tuhaf." Sakalını sıvazlarken gözleri yeni bir kararla parlıyordu. Gardiyanı çağırdı ve hizmetkârını istedi. Yaşlı hizmetkârını getirdiklerinde ona ailesine sürgünden geri gelmeleri için haber göndermesini buyurdu. Ertesi gün onu görmek için ta aşağılara kadar inmiş olan Sultan'ın sesiyle uyandı. "En sevgili dostum! Kardeşim! Beni bağışlayabilecek misin? Seni suçlayanların asıl arkamdan iş çeviren kişiler olduklarını şimdi öğrendim. Kalbimin seninle ilgili şüpheye düşmesine nasıl izin verebildim? Sefalet günlerin sona erdi, saraya geri dön."

Üstat Ladi hemen saraya çıkarıldı, yıkandı, masajlar yapıldı, en lezzetli yiyeceklerle beslendi. Önüne hemen bir tepsi lokum konmuştu. Sultan gelip lokumu onunla paylaşırken hapiste olduğu süre boyunca kaçırdığı olayları anlattı. Saraydaki kutlama sona erdiğinde evine gitti. Eve vardığında sevgili karısı tam da yatak odalarının penceresini açıyordu. Sokaktan onun o tatlı yüzünü gördü. Mutfaktan güzel kokular gelmeye başlamıştı bile. Hayatında hiç bu kadar mutlu hissetmemişti. Özgürlüğüne kavuşması yedi gün ve yedi gece boyunca yemek, müzik ve anlatılan hikâyelerle kutlandı. Nihayet yedinci gece, karısı hepsinin merak ettiği soruyu sorma fırsatı bulabildi: "Sevgili kocam, bunu nasıl yaptın? Hayatımızı mahvetmek üzere olan tufanı bir gün önceden nasıl tahmin ettin ve sonra hücrendeyken çile günlerinin sona erdiğini nasıl öngördün ve bizi tam zamanında geri çağırdın?"

Üstat Ladi, "Hayatın beni hediyelere boğduğu, en büyük sefaların içinde yaşarken değerli yüzüğüm batmak yerine suyun üzerinde kaldı. Hayatın sunabileceğinin en fazla bu olabileceğini düşündüm. Bundan daha iyi olamazdı. Bundan sonra hayatın acı tarafını da biraz yaşamam gerekecekti. Ancak karanlık delikte tutulurken bir fare gelip en çok canımın çektiği şeye, lokumun üzerine çişini yaptı. Artık bundan daha kötüye gidemez diye düşündüm. Bundan sonra hayatın tadını yaşamam gerekiyordu."

Ve hepsi hayat denizinin, hayatlarını ona göre yaşamayı reddedenleri silip süpürdüğü gelgitlerinin farkında olan ve onları kabul eden Üstat Ladi'nin bilgeliğini kutladılar.

**Mesaj:** Hayatın gelgitleri

Hayatımızın dalgalarını ve gelgitlerini biz yaratmayız ama onlara göre kulaç atıp dans edebilmeyi becerebiliriz. Herkesinki gibi bizim hayatımızın da inişleri ve çıkışları olduğunu reddetmek sadece güçlü bir dalgayla sürüklenmemize sebep olur.

Vücudunu, zihnini, ilişkilerini, toplumunu iyileştirmek için ihtiyacın olanlar şunlar: ZAMAN, ALAN ve ENERJİ. Bu da her şeyi bir kenara koyup gerçekten yavaşlamak demektir. Hayatının odağını kaydırmak, verimlilik gözetmemek, önceliklerini değiştirmektir. Asıl ustalık dalgayı, doğru anı hissetmek ve geç olmadan iyileşmeye doğru gereken adımları atmaktır. Böylece kendini koruyabilir, hayatına yeni bir anlam getirebilirsin.

**Seyir Defteri:**

1- Hayatında iyileştirmen gereken ne var?

2- İlişkiler iyileşme dönemlerimiz kadar büyüme dönemlerimiz için de kilit önem taşır. Destek ağında kimler var? Güvenebileceğin ve sen iyileştiğinde senden ilham alacak, sana güvenebilecek olanlar kimler?

3- Yavaşlamak sence nasıl bir süreç olur?

**Alıştırma:** İçsel hava durumu

Her sabah meditasyon yapmaya başla ya da sabahları serbest akışla yazı yazmayı alışkanlık edin. Bunu, uyandığında yapacağın ilk şey olarak planla. Sonra, her sabah alıştırmasının arkasından o sırada hayatınla ilgili içsel hava durumuna bir bak. Gelgitlerin hangi evresindesin? Hava nasıl? Güneşli mi, yağmur ihtimali mi var, fırtınalı mı? Yargılamadan veya ruh halini değiştirmeye çalışmadan gözlemle. Güneşli günleri olduğu kadar fırtınalı günlerini de hoş karşıla. Hava durumunu seyir defterine çiz veya yaz.

**Alıntı:**

Brutus:
İnsan çabaları deniz gibi yükselir bir ara,
Sular alır götürür o zaman bizi bir mutluluğa;
Bir kaçırdık mı o fırsatı, ömür yolculuğu
Sığlıklar, terslikler içinde bocalar
Biz kabarmış bir deniz üstündeyiz şimdi;
Vaktinde yararlanmalıyız sulardan,
Yoksa kaçırırız fırsatı.

*Shakespeare, Julius Caesar,* (Hasan Ali Yücel çevirisiyle.)